FEURIG SCHARFE SAUCEN!

FEURIG SCHARFE SAUCEN!

INTENSIV - PIKANT - WÜRZIG

Love Food® is an imprint of Parragon Books Ltd.

Neue Rezepte: Beverly Le Blanc
Fotografie und Fachberatung: Mike Cooper und Lincoln Jefferson
Text: Dominic Utton und Beverly Le Blanc
Illustrationen: Julie Ingham und Nicola O'Byrne

Chartist House
15–17 Trim Street
Bath BA1 1HA, UK
www.parragon.com

Realisation der deutschen Ausgabe:
trans texas publishing service GmbH, Köln
Übersetzung: Kathrin Höller, Köln

ISBN 978-1-4723-3960-7

Printed in China

Hinweis
Ein Esslöffel entspricht 15 ml, ein Teelöffel entspricht 5 ml.
Sofern nicht anderes angegeben, wird Vollmilch (3,5%) verwendet. Bei einzelnen Obst- und Gemüsesorten werden stets mittelgroße Exemplare verwendet, Eier haben die Größe M. Mit Pfeffer ist stets frisch gemahlener schwarzer Pfeffer aus der Mühle gemeint. Wenn nicht anders beschrieben, sollten alle Obst- und Gemüsesorten vor der Verwendung sorgfältig gewaschen und je nach Sorte geschält werden. Zubereitungen mit rohen oder halb rohen Eiern sollten von Kindern, Senioren, Schwangeren und Rekonvaleszenten gemieden werden.

Garnierungen und Dekorationen sind nicht unbedingt in der Zutatenliste oder Zubereitung aufgeführt. Die angegebenen Zeiten sind lediglich Richtwerte. Die Vorbereitungszeit ist von der verwendeten Technik abhängig, die Backzeit kann von Ofen zu Ofen variieren. Zutaten, die nach Belieben zugefügt werden, und Variationsvorschläge sind in der Angabe für die Zubereitungszeit nicht mit berücksichtigt.

Bildnachweis
Der Verleger dankt für die Abdruckrechte an folgenden Abbildungen: Umschlag vorn: Illustrationen mit freundlicher Genehmigung von iStock;
Seite 7: Christoph Kolumbus © De Agostini Picture Library/De Agostini/A. Dagli Orti;
Seite 103: Paprikachili auf Fensterbrett © Dorling Kindersley/Peter Anderson.

INHALT

DIE GESCHICHTE DES CHILIS

Christoph Kolumbus hat 1492 nicht nur Amerika entdeckt, sondern auch den Chili. Vor der Erschließung der Neuen Welt war diese scharfe Frucht, die zur Gattung der Paprika gehört, nur in Süd- und Mittelamerika bekannt, wo sie schon seit 7500 v. Chr. verzehrt wurde.

Kolumbus „entdeckte" die Chilipflanze in der Karibik, hielt sie aber zuerst für eine weitere Pfeffersorte und brachte einige Pflanzen mit nach Europa. Hier war Chili ein Kuriosum, der nur wegen seiner Schärfe gelegentlich für medizinische Zwecke genutzt wurde.

Händler brachten die Chilipflanze nach Westafrika, wo sie schnell eingebürgert wurde. Auch in Südasien waren die feurigen Früchte sehr willkommen. Der Chili wurde ein wichtiger Bestandteil ihrer Küche und ist heute kaum noch daraus wegzudenken. In Asien kannte man bereits würzig-scharfe Gerichte. Chilipflanzen waren günstig anzubauen, so konnten sie auch von der ärmeren Bevölkerung verwendet werden.

Die Chilipflanze verbreitete sich in ganz Asien, und es entstanden viele Mythen über die Kräfte dieser kleinen scharfen Frucht. Man glaubte, sie könne den bösen Blick abwehren, und so hing über der Schwelle jedes Haushalts ein Bündel Chilis, um böse Geister fernzuhalten. Oder man schwenkte eine Handvoll Chili mit Asche aus der Feuerstelle gemischt über dem Kopf eines Menschen, um ihm Glück zu wünschen oder ihn vor schwarzer Magie zu schützen.

Es dauerte nur 50 Jahre, bis sich der Chili von Südamerika aus auf der ganzen Welt verbreitete, doch die Europäer brauchten länger, um auf den Geschmack zu kommen. Spanische und portugiesische Mönche hatten Mitte des 16. Jahrhunderts schon begonnen, mit Chilis zu kochen, aber die feurige Frucht blieb für einen Großteil des Kontinents bis

zum 20. Jahrhundert nur ein Nischenprodukt.

Wenn Ihnen das nächste Mal jemand erzählt, Chilis kämen aus Indien, können Sie dagegenhalten: Es war ein europäischer Entdecker, der den Chili nach Asien brachte!

SCHARFE SAUCEN-GRUNDLAGEN

Für eine gute scharfe Sauce braucht es mehr als nur ein paar Chilis. Dieses Buch zeigt Ihnen, wie Sie mit einer Auswahl gewöhnlicher Zutaten eine erstaunliche Geschmacksvielfalt erzielen können. Experimentieren Sie bei den folgenden Zutaten mit Mengen und Sorten, um Ihre eigenen Saucenvariationen zu kreieren.

KRÄUTER UND GEWÜRZE

Ob frisch oder getrocknet – mit ihnen kommt Tiefe in den Geschmack. Die jamaikanische Grillsauce würde ohne getrockneten Piment nicht schmecken, und die Chimichurri-Sauce ohne frische Kräuter auch nicht.

CHILIS

Die scharfen Früchte sind unverzichtbar für die meisten scharfen Saucenrezepte. Es gibt sie in vielen Sorten und Schärfegraden.

ÖLE

Zum Anbraten und um Saucen noch cremiger zu machen, benötigt man Öl. Die unterschiedlichen Öle sorgen für spezielle Aromen.

SALZ

Salz unterstreicht individuelle Aromen und bringt sie so zur Geltung.

ZUCKER

Weißer und brauner Zucker sind der Gegenpart zur scharfen Würze und wirken als Konservierungsstoff. Bevor Sie eine Sauce aufkochen, sollte sich der Zucker aufgelöst haben, damit sich keine Klumpen bilden.

ESSIG

Viele scharfe Saucen enthalten Essig wie Apfel-, Rot- und Weißweinessig. Sie wirken als Konservierungsstoffe und schaffen einen säuerlichen Geschmack.

WIE MAN MIT CHILIS UMGEHT

Es ist das Capsaicin, das den Chili scharf macht. Als Regel gilt: Je kleiner und dünner der Chili, desto schärfer ist er, da er proportional mehr Kerne enthält. Das Capsaicin wird in Zellen in der Mitte der Frucht produziert, und die Samen und weißen Zellwände sind der schärfste Teil der Frucht.

Seien Sie beim Hacken von Chilis vorsichtig, besonders, wenn Sie die weißen Zellwände oder Samen entfernen. Tragen Sie am besten Küchenhandschuhe und berühren Sie nie Augen oder Mund, ohne sich vorher gründlich die Hände gewaschen zu haben. Die Hände lassen sich auch durch Einreiben mit Pflanzenöl schützen, das sich wie ein Schutzfilm auf die Haut legt.

Beim Anbraten von Chilis kann stechender Dampf entstehen, der die Augen reizt; stellen Sie also vor dem Braten die Dunstabzugshaube an oder öffnen Sie ein Fenster. Das ist besonders wichtig, wenn Sie mit den superscharfen Chilis aus dem Kapitel „Hochexplosiv!" arbeiten.

Wenn sich Ihr Mund so anfühlt, als stünde er in Flammen, trinken Sie kein Wasser, denn das verteilt die Schärfe nur. Nehmen Sie Milch oder Joghurt, denn sie mildern die Schärfe. Darum wird in Indien zu Currys immer Joghurt-Raita gereicht.

SCHARFE SAUCEN LAGERN

Manche Saucen, wie die Serrano-Koriander-Sauce, werden am besten ganz frisch verzehrt; andere Saucen mit frischen Zutaten wie die für kreolisches Gumbo halten sich bis zu 2 Tage in einem luftdichten Behälter im Kühlschrank. Saucen mit viel Essig oder Zucker, wie die Louisiana Hot Pepper Sauce, halten sich sogar noch länger – luftdicht verschlossen im Kühlschrank bis zu 1 Monat. Für eine längere Lagerung können einige Saucen eingefroren oder in sterilisierte Gläser abgefüllt werden. Jedes Rezept gibt Hinweise zur Lagerung.

SAUCEN EINFRIEREN

Frieren Sie Saucen immer in kleinen Behältern ein – so müssen Sie nur das auftauen, was Sie brauchen. Die Sauce nach der Zubereitung auf Zimmertemperatur abkühlen lassen. In einen geeigneten Behälter geben, nach oben noch etwa 1 cm Platz lassen, verschließen und mit dem Datum beschriften. Die meisten Saucen halten sich tiefgefroren bis zu 1 Jahr, aber man isst sie am besten innerhalb von 3 Monaten, bevor die Aromen abschwächen. Vor dem Servieren bei Zimmertemperatur auftauen.

GLÄSER STERILISIEREN

1. Nur Schraub- oder andere Einmachgläser verwenden, und nur Gläser ohne Risse oder Absplitterungen. Gläser und Deckel in heißem Wasser mit Spülmittel reinigen und abspülen.

Enthält das Rezept Essig, einen säureresistenten Deckel verwenden.

2. Die Gläser aufrecht in einen schweren Topf stellen, der 5 cm höher ist als die Gläser. So viel kochendes Wasser zugießen, dass die Gläser ganz bedeckt sind. 15 Minuten kochen lassen.

3. Die Gläser mit einer Zange herausnehmen und auf sauberen Geschirrtüchern trocknen lassen.

GLÄSER FÜR KURZE LAGERUNG BEFÜLLEN

1. Die Sauce noch heiß mit einem Trichter in das Glas füllen, dabei zum oberen Rand 1 cm Abstand lassen. Den Glasrand abwischen und mit dem Deckel fest verschließen.

2. Die Sauce abkühlen lassen, dann bis zu 1 Monat bei Zimmertemperatur

lagern. Sobald Sie ein Glas geöffnet haben, sollten Sie es im Kühlschrank aufbewahren. Wie lange sich die Sauce hält, hängt vom Essig- und Zuckergehalt ab. Halten Sie sich an die Infos des jeweiligen Rezeptes.

DAS WASSERBAD FÜR EINE LÄNGERE LAGERUNG

1. Für eine längere Lagerung Einmachgläser mit zweiteiligem Deckel mit Dichtungsring nehmen. Die gefüllten Gläser so in einen hohen Kochtopf stellen, dass sie nicht umkippen.

2. So viel kochendes Wasser zugießen, bis die Gläser ganz bedeckt sind. Das Wasser erneut aufkochen und 300-ml-Gläser 20 Minuten oder 600-ml-Gläser 30 Minuten kochen lassen.

3. Die Gläser mit einer Zange herausnehmen und auf Zimmertemperatur abkühlen lassen. Mit intakter Dichtung halten sie sich bis zu 1 Jahr. Sobald Sie ein Glas geöffnet haben, sollten Sie es auf jeden Fall im Kühlschrank aufbewahren.

ZUM WARMWERDEN!

SCHÄRFE MESSEN AUF DER SCOVILLE-SKALA!

Wie misst man die Schärfe eines Chilis? Streng wissenschaftlich, natürlich!

1912 erfand ein amerikanische Pharmakologe namens Wilbur Scoville den Scoville Organoleptic Test (heute einfach Scoville-Skala genannt), um die Schärfegrade sämtlicher Paprika- und Chilisorten zu messen. Die Schärfe entsteht durch Capsaicin, und die Scoville-Skala misst, wie viel Capsaicin der jeweilige Chili enthält.

Die Technik hat sich in den 100 Jahren seit Scovilles Erfindung weiterentwickelt, doch seine Prinzipien sind geblieben – Chilis werden immer noch anhand seiner Skala gemessen.

SCHÄRFEGRADE	CHILI-BEISPIELE
1.500.000-2.100.000	Trinidad Moruga Scorpion (die schärfste Chili der Welt)
855.000-1.463.700	Naga Viper, Infinity, Bhut Jolokia
350.000-855.000	Red Savina Habanero, Indian Tezpur
100.000-350.000	Habanero, Scotch Bonnet, Datil
50.000-100.000	Santaka, Chiltecpin, Peri Peri, Vogelaugenchili
30.000-50.000	Cayenne, Tabasco, Pequin, Aji
15.000-30.000	Chile de Arbol
5000-15.000	Yellow Wax, Serrano
2500-5000	Jalapeño, Mirasol, Chipotle, Poblano
1500-2500	Sandia, Cascabel
1000-1500	Pasilla, Anaheim, Ancho, Española
100-1000	Pimento, Peperoncini
0-10	Gemüsepaprika

KETCHUP MIT KICK

Im Sommer gibt es reichlich leckere Tomaten. Stellen sie den Ketchup in größeren Mengen her, so können Sie den Geschmack des Sommers das ganze Jahr über genießen. Tipps zur Lagerung finden Sie auf Seite 10.

ERGIBT: ETWA 600 ML   **ZUBEREITEN: 15 MIN**   **GAREN: 2¼ STD**

ZUTATEN

2,25 kg reife, saftige Tomaten, grob gehackt

2 rote Jalapeño-Chilis, grob gehackt

1 Gemüsezwiebel, grob gehackt

1 TL Salz, plus etwas mehr zum Abschmecken

1 TL Fenchelsamen

1 TL schwarze Senfsaat

250 ml Apfel- oder Weißweinessig

100 g brauner Zucker

1 Zimtstange

½ TL frisch geriebene Muskatnuss

½ TL Paprikapulver edelsüß

1–3 TL Cayennepfeffer, nach Geschmack

1–2 EL Tomatenmark, nach Geschmack

Pfeffer

1. Tomaten, Chilis, Zwiebel und Salz in einem Topf auf höchster Stufe unter Rühren andünsten, bis die Tomaten zusammenfallen. Dann auf niedriger Stufe zugedeckt 30 Minuten köcheln lassen, bis die Tomaten weich werden.

2. Unterdessen die Fenchel- und Senfsamen auf ein Stück Musselin geben, daraus ein Säckchen binden und beiseitelegen.

3. Die Tomatenmischung durch ein Sieb in einen großen Topf streichen. Dabei mit einem Holzlöffel durch das Sieb drücken, um so viel Püree wie möglich zu erhalten.

4. Gewürzsäckchen, Essig, Zucker, Zimtstange, Muskat, Paprikapulver und Cayennepfeffer hinzufügen und mit Pfeffer abschmecken; so lange rühren, bis der Zucker sich aufgelöst hat. Die Mischung zum Kochen bringen und auf niedriger Stufe ohne Deckel 2½ Stunden köcheln lassen, bis die Sauce eindickt; dabei, wenn nötig, den Schaum abschöpfen. In eine Schüssel geben und abkühlen lassen.

5. Je nachdem, wie aromatisch die Tomaten sind, noch 1–2 Esslöffel Tomatenmark hinzugeben. Gewürzsäckchen und Zimtstange entfernen.

6. Den Ketchup vollständig abkühlen lassen und sofort verwenden oder in einem luftdichten Behälter bis zu 1 Monat im Kühlschrank aufbewahren. Der Ketchup kann auch bis zu 3 Monate eingefroren werden. Hinweise zur Aufbewahrung finden Sie auf Seite 10.

BRENNEND HEISSE BARBECUE-SAUCE

Das ist die perfekte Sauce zu Gegrilltem. Sie schmeckt superlecker zu Steaks, Burgern, Fleischspießen oder auch Chicken Wings frisch vom Grill.

ERGIBT: ETWA 225 ML   **ZUBEREITEN: 5 MIN**   **GAREN: 20 MIN**

ZUTATEN

- 1 EL Olivenöl
- 1 kleine Zwiebel, fein gehackt
- 2–3 Knoblauchzehen, zerdrückt
- 1 rote Jalapeño-Chili, fein gehackt
- 2 TL Tomatenmark
- 1 TL Senfmehl, nach Geschmack
- 1 EL Rotweinessig
- 1 EL Worcestersauce
- 2–3 TL Muskovado-Zucker, nach Geschmack
- 300 ml Wasser

1. Das Öl in einem kleinen, schweren Topf erhitzen. Zwiebel, Knoblauch und Chili darin unter Rühren 3 Minuten weich dünsten, dann vom Herd nehmen.

2. Das Tomatenmark mit Senfmehl, Essig und Worcestersauce zu einer Paste verrühren und zusammen mit 2 Teelöffeln Zucker in die Zwiebelmischung einrühren. Gut vermischen, dann nach und nach das Wasser einrühren. Nach Geschmack mehr Zucker zugeben.

3. Die Mischung wieder auf den Herd stellen und unter gelegentlichem Rühren zum Kochen bringen. Auf niedriger Stufe 15 Minuten sanft köcheln lassen und ab und zu umrühren. Vom Herd nehmen und vollständig abkühlen lassen. Die Sauce kann sofort verbraucht oder in einem luftdichten Behälter bis zu 2 Wochen im Kühlschrank aufbewahrt werden. Hinweise zur Aufbewahrung finden Sie auf Seite 10.

EXTRASCHARFE SWEET-CHILI-SAUCE

Diese leckere Sauce, die typischerweise zum Dippen für knusprige chinesische Frühlingsrollen oder Wan Tans gereicht wird, kennt ein jeder. Selbst gemacht schmeckt sie garantiert noch besser.

ERGIBT: ETWA 150 ML   **ZUBEREITEN: 5 MIN**   **GAREN: 25 MIN**

ZUTATEN

4 rote Jalapeño-Chilis, halbiert

2 große Knoblauchzehen, grob gehackt

4-cm-Stück Ingwerwurzel, grob gehackt

150 ml Reiswein oder Apfelessig

150 g Zucker

150 ml Wasser

2 EL Chiliflocken

¼ TL Salz

1. Chilis, Knoblauch und Ingwer in der Küchenmaschine (alternativ mit einem scharfen Messer) fein hacken, aber nicht pürieren.

2. Essig, Zucker und Wasser zufügen und alles gut vermengen.

3. Die Mischung in einen schweren Topf geben und auf höchster Stufe erhitzen. Chiliflocken und Salz zugeben und so lange rühren, bis sich der Zucker aufgelöst hat.

4. Ohne Rühren zum Kochen bringen. Unter gelegentlichem Rühren – damit die Sauce nicht am Topfboden ansetzt – auf mittlerer bis niedriger Stufe 20 Minuten köcheln lassen, bis die Sauce eingedickt ist.

5. Die Sauce in eine Schüssel geben und unter gelegentlichem Umrühren vollständig auskühlen lassen. Sie kann sofort verbraucht oder in einem luftdichten Behälter bis zu 2 Wochen im Kühlschrank aufbewahrt werden. Hinweise zur Aufbewahrung finden Sie auf Seite 10.

PIKANTE PICO-DE-GALLO-SAUCE

In dieser einfachen mexikanischen, Salsa-artigen Sauce mischen sich scharfe und frische Aromen – eine pikante Chili-Explosion zu einer Schale Tortillachips, gegrilltem Fleisch, Tacos und vielem mehr.

ERGIBT: ETWA 175 ML　　**ZUBEREITEN: 10 MIN**　　**GAREN: OHNE**

ZUTATEN

150 ml passierte Tomaten

2 EL frisch gepresster Limetten- oder Orangensaft, nach Geschmack

2 große eingelegte oder frische Knoblauchzehen, sehr fein gehackt

½ Gemüsezwiebel, fein gehackt

2 EL eingelegte Jalapeño-Chilis, abgetropft und fein gehackt

½ TL Ancho-Chilipulver

1 kleine Handvoll frischer Koriander, fein gehackt, zum Garnieren

Salz und Pfeffer

1. Passierte Tomaten und Limettensaft in einer Schüssel verrühren und mit Salz und Pfeffer abschmecken und die restlichen Zutaten, bis auf den Koriander, hinzugeben.

2. Die Sauce kann sofort verwendet werden, schmeckt aber besser, wenn sie 30 Minuten bei Zimmertemperatur ziehen kann, damit sich die Aromen verbinden. Vor dem Servieren gut durchrühren und bei Bedarf mit Limettensaft, Salz und Pfeffer nachwürzen; mit dem Koriander garnieren.

3. Wenn Sauce übrig bleibt, diese mit etwas Olivenöl übergießen und zugedeckt bis zu 3 Tage im Kühlschrank aufbewahren. Das Öl dann kurz vor dem Servieren unterrühren und die Sauce noch einmal mit frisch gehacktem Koriander bestreuen.

HEISSER TIPP

Nicht scharf genug? Dann verwenden Sie doch rote oder grüne Thai-Chilis oder fügen Sie ½ Teelöffel Louisiana Hot Pepper Sauce (siehe Seite 80) hinzu.

STEAKSAUCE „ROASTING ROADHOUSE"

Würzig-süß, mit einer Prise Cayennepfeffer: Mit dieser Sauce schmeckt Ihr Steak noch besser. Sie eignet sich auch sehr gut als Marinade für Schweinekoteletts.

ERGIBT: ETWA 350 ML   **ZUBEREITEN: 10 MIN**   **GAREN: 50 MIN**

ZUTATEN

400 g gehackte Tomaten aus der Dose

150 ml Rinderbrühe

4 Knoblauchzehen, gehackt

1 rote Zwiebel, fein gehackt

175 g Rosinen

4 EL Worcestersauce

1 EL Fleischextrakt

1 EL Senfmehl, in 1 EL Wasser aufgelöst

2 EL Weißweinessig

1 EL heller Zuckerrübensirup

1 EL brauner Zucker

½ TL Cayennepfeffer

fein abgeriebene Schale von 1 Orange

Salz und Pfeffer

1. Alle Zutaten in einen schweren Topf geben, mit Salz und Pfeffer abschmecken und auf höchster Stufe so lange rühren, bis Sirup und Zucker sich aufgelöst haben. Zum Kochen bringen und auf niedriger Stufe unter gelegentlichem Rühren 30 Minuten köcheln lassen, bis die Zutaten sich verbunden haben und die Rosinen auseinanderfallen.

2. Die Mischung mit einem Stabmixer oder in einer Küchenmaschine pürieren. Durch ein feines Sieb wieder in den gesäuberten Topf streichen, dabei mit einem Holzlöffel durch das Sieb drücken, um so viel Püree wie möglich zu erhalten.

3. Den Topf auf den Herd stellen, das Püree auf mittlerer Stufe zum Kochen bringen. Die Hitze reduzieren und das Ganze ohne Deckel 15 Minuten köcheln lassen, bis die Sauce eingedickt und reduziert ist. In eine Schüssel geben und vollständig abkühlen lassen. Nach Geschmack mit Salz und Pfeffer nachwürzen.

4. Die Sauce kann sofort verbraucht oder in einem luftdichten Behälter bis zu 3 Wochen im Kühlschrank aufbewahrt werden. Hinweise zur Aufbewahrung finden Sie auf Seite 10.

SCHARFE SATÉ-SAUCE

Die eher milde Erdnusssauce wird in dieser Version durch die Zugabe indonesischer Chilipaste (Sambal Oelek) verschärft. Sambal Oelek gibt es in jedem Supermarkt, wobei die Schärfe je nach Hersteller variiert.

ERGIBT: ETWA 175 ML   **ZUBEREITEN: 10 MIN**   **GAREN: 5 MIN**

ZUTATEN

2 EL Sonnenblumenöl

2 Schalotten, fein gehackt

1 Knoblauchzehe, fein gehackt

2,5-cm-Stück Ingwerwurzel, fein gehackt

1–3 TL Sambal Oelek oder nach Geschmack

100 g Kokoscreme, aufgelöst in 250 ml kochendem Wasser

5 EL Erdnussbutter mit Stückchen

1 TL Tamarindenpaste oder frisch gepresster Limettensaft, nach Geschmack

1 TL dunkle Sojasauce oder nach Geschmack

4 EL Wasser, bei Bedarf

4 rote Jalapeño-Chilis, entkernt und in feinen Scheiben

Salz und Pfeffer

1. Das Öl in einem Wok auf hoher Stufe erhitzen. Schalotten, Knoblauch und Ingwer darin 1–2 Minuten andünsten, bis die Schalotten weich werden. Nach Geschmack Sambal Oelek einrühren und etwa 30 Sekunden mitbraten.

2. Kokoscreme und Erdnussbutter unterrühren. Dann Tamarindenpaste und Sojasauce zufügen, mit Salz und Pfeffer abschmecken und auf mittlerer Stufe unter Rühren 2–3 Minuten weiterbraten. Wenn sich die Zutaten nicht verbinden, das Wasser einrühren. Die Chilis dazugeben. Eventuell mit Sambal Oelek, Tamarindenpaste und Sojasauce nachwürzen.

3. Die Sauce kann heiß oder zimmerwarm serviert oder abgekühlt in einem luftdichten Behälter bis zu 1 Woche im Kühlschrank aufbewahrt werden.

HEISSER TIPP

Wenn Sie Sambal Oelek noch nicht kennen, nehmen Sie anfangs etwas weniger davon und würzen dann am Ende nach, falls die Sauce nicht scharf genug ist.

FEURIGE SAUCE AUS OFENTOMATEN

Mit ihren Tomaten-, Paprika- und Sherryaromen erinnert diese Sauce an den letzten Spanienurlaub. Sie schmeckt hervorragend als Dip zu Tortillachips oder zu spanischen Omeletts.

ERGIBT: ETWA 175 ML **ZUBEREITEN: 10 MIN** **GAREN: 45 MIN**

ZUTATEN

6 Strauchtomaten
1 rote Paprika, entkernt und geviertelt
1 Knoblauchzehe, ungeschält
1 rote Zwiebel, geviertelt
4 EL Olivenöl
1 kleine rote Jalapeño-Chili, sehr fein gehackt
1 TL scharfes Paprikapulver
1 EL Sherry
Salz und Pfeffer

1. Den Backofen auf 180 °C vorheizen.

2. Das Gemüse auf einem Backblech ausbreiten, mit Olivenöl einpinseln und etwa 45 Minuten im Ofen backen, bis es schwarz wird und Blasen wirft. Nach der Hälfte der Zeit wenden.

3. Abkühlen lassen und dann Tomaten und Paprika häuten, die Knoblauchzehe aus ihrer Haut drücken. Tomaten, Paprika, Knoblauch und Zwiebel in einer Küchenmaschine zu einer glatten Paste verarbeiten.

4. Die Mischung in eine Servierschüssel füllen, Chili, Paprikapulver und Sherry einrühren, mit Salz und Pfeffer abschmecken. Die Sauce kann sofort verzehrt oder abgekühlt in einem luftdichten Behälter bis zu 1 Woche im Kühlschrank gelagert werden.

HEISSER TIPP

Der Sherry kann durch Madeira ersetzt werden, den berühmten Likörwein aus Portugal.

HOCHEXPLOSIVE SENFSAUCE

Die helle Farbe dieser Sauce täuscht über ihren explosiven Charakter hinweg. Die Schärfe macht sich ganz hinten im Mund bemerkbar und hält nach dem Schlucken noch eine Weile an.

ERGIBT: ETWA 225 ML   **ZUBEREITEN: 5 MIN**   **GAREN: 25 MIN**

ZUTATEN

1 EL Olivenöl

4 Schalotten, in feinen Scheiben

1 große Knoblauchzehe, sehr fein gehackt

2 EL Senfmehl

2 TL Cayennepfeffer

300 ml Rinder-, Hühner- oder Gemüsebrühe

150 g Crème fraîche oder Sauerrahm

1 EL körniger Senf

frisch gepresster Zitronensaft, nach Geschmack

Salz und Pfeffer

1. Das Öl in einer Pfanne mit Deckel auf mittlerer Stufe erhitzen. Die Schalotten zugeben, mit zusammengeknülltem, feuchtem Backpapier bedecken und den Deckel auflegen. Die Schalotten auf niedriger Stufe 5–8 Minuten weich dünsten.

2. Deckel und Papier abnehmen. Die Hitze erhöhen, den Knoblauch zufügen und 1 Minute anbraten, dann Senfmehl und Cayennepfeffer einrühren.

3. Mit dem Schneebesen unter ständigem Rühren die Brühe einrühren und zum Kochen bringen. 5–8 Minuten kochen lassen, bis die Sauce auf die Hälfte reduziert ist.

4. Die Crème fraîche einrühren und alles noch einmal aufkochen. Auf niedriger Stufe 10 Minuten köcheln lassen. Dann den Senf einrühren und mit Salz und Pfeffer abschmecken. Nach Geschmack noch 1–2 Teelöffel Zitronensaft zugeben.

5. Die Sauce kann sofort serviert oder abgekühlt in einem luftdichten Behälter bis zu 2 Tage im Kühlschrank aufbewahrt werden. Zum Servieren dann wieder erhitzen.

SCHARFE MEERRETTICHSAUCE

Diese schnelle Sauce erhält ihre Schärfe durch frisch geriebenen Meerrettich.Ein Löffel dieser Mischung verleiht einer einfachen Tomatensuppe den nötigen Schärfekick.

ERGIBT: ETWA 150 ML   **ZUBEREITEN: 10 MIN**   **GAREN: OHNE**

ZUTATEN

125 ml Tomatenketchup, plus etwas mehr bei Bedarf

2,5-cm-Stück frischer Meerrettich, gerieben oder 1 EL geriebener Meerrettich

1 EL frisch gepresster Zitronensaft, plus etwas mehr bei Bedarf

Pfeffer

1. Ketchup und Meerrettich in einer Schüssel vermengen.

2. Zitronensaft und Pfeffer nach Geschmack zufügen. Alles vermischen und gegebenenfalls mehr Zitronensaft zugeben.

3. Die Sauce kann sofort serviert oder in einem luftdichten Behälter bis zu 3 Wochen im Kühlschrank aufbewahrt werden. Nach 1–2 Tagen wird die Sauce dicker; vor dem nächsten Servieren noch ein wenig Ketchup oder Zitronensaft unterrühren.

ITALIENISCHE ARRABBIATA-SAUCE

Die Arrabbiata ist eine klassische italienische Sauce und wird meist zu Pasta serviert. Arrabiata heißt auf Deutsch „Wut". Das könnte vielleicht an den feurigen Chilis liegen.

ERGIBT: ETWA 600 ML　　**ZUBEREITEN: 5 MIN**　　**GAREN: 20 MIN**

ZUTATEN

2 EL Olivenöl

2 Knoblauchzehen, gehackt

1 rote Serrano-Chili, entkernt und gehackt

1 EL abgeriebene Schale von 1 Zitrone

450 g reife Tomaten, gehäutet und gehackt

1 EL Tomatenmark, mit 150 ml Wasser vermischt

1 Prise Zucker

1 EL Balsamicoessig

1 EL frisch gehackter Majoran

Pfeffer

1. Das Öl in einem Topf auf mittlerer Stufe erhitzen, Knoblauch und Chili darin unter Rühren 1 Minute anbraten.

2. Die Zitronenschale unterrühren, dann Tomaten, verdünntes Tomatenmark und Zucker zugeben. Zum Kochen bringen, die Hitze reduzieren und 12 Minuten köcheln lassen. Mit Pfeffer abschmecken.

3. Essig und Majoran zugeben und weitere 5 Minuten köcheln lassen. Die Sauce kann sofort verzehrt oder abgekühlt in einem luftdichten Behälter bis zu 1 Woche im Kühlschrank aufbewahrt werden.

HEISSER TIPP

Diese Sauce schmeckt am besten zu frisch gekochten Penne-Nudeln. Die Sauce über die Pasta geben und mit Petersilie und geriebenem Parmesan bestreuen.

CHILI-CON-CARNE-SAUCE SPEZIAL

Diese leckere Chili-con-Carne-Sauce schmeckt einfach immer. Die Kombination aus rauchigem Ancho-Chilipulver und superscharfem Cayennepfeffer verleiht dieser Version einen tollen Kick!

ERGIBT: ETWA 600 ML   **ZUBEREITEN: 10 MIN**   **GAREN: 20 MIN**

ZUTATEN

2 EL Sonnenblumenöl

1 Zwiebel, fein gehackt

1 rote Paprika, entkernt und gehackt

2 große Knoblauchzehen, gehackt

2 TL Ancho-Chilipulver

2 TL gemahlener Koriander

2 TL gemahlener Kreuzkümmel

1½ TL Cayennepfeffer oder nach Geschmack

400 g gehackte Tomaten aus der Dose

350 ml passierte Tomaten

1 EL getrockneter Thymian, Majoran oder mexikanischer Oregano

½ TL Zucker

Salz und Pfeffer

1. Das Öl in einer Pfanne auf mittlerer Stufe erhitzen. Zwiebel und Paprika 3–5 Minuten unter Rühren weich dünsten. Knoblauch, Chilipulver, Koriander, Kreuzkümmel und Cayennepfeffer zugeben und 1 weitere Minute rühren.

2. Tomaten, Thymian und Zucker zugeben und mit Salz und Pfeffer abschmecken. Unter Rühren zum Kochen bringen, dann die Hitze soweit reduzieren, dass die Sauce gerade köchelt. 15–20 Minuten köcheln lassen, bis die Sauce zur Hälfte reduziert ist.

3. Die Sauce in einer Küchenmaschine oder mit dem Stabmixer pürieren.

4. Die Sauce kann sofort serviert oder abgekühlt in einem luftdichten Behälter bis zu 3 Tage im Kühlschrank aufbewahrt werden. Sie kann auch bis zu 3 Monate eingefroren werden, siehe Seite 10.

HEISSER TIPP

Verdoppeln Sie die Mengen und frieren Sie die Sauce portionsweise ein. So können Sie auch an kalten Winterabenden spontan ein Chili con Carne kochen.

BRANDHEISSE BIER-CHILI-SAUCE

Diese Sauce ist so scharf, dass sie jedes Barbecue zum Kochen bringt. Die Schärfe aus Cayennepfeffer, Ancho-Chilipulver und frischen Jalapeño-Chilis bildet einen Gegenpart zu süßen Barbecue-Saucen.

ERGIBT: ETWA 450 ML　　**ZUBEREITEN: 10 MIN**　　**GAREN: 45 MIN**

ZUTATEN

2 EL Sonnenblumenöl
1 rote Zwiebel, fein gehackt
1 EL Ancho-Chilipulver
1½ TL Cayennepfeffer
250 ml Tomatenketchup
4 EL Melasse
2 EL brauner Zucker
2 TL Salz
¼ TL Pfeffer
325 ml helles Bier
2 EL Apfel- oder Rotweinessig
2 EL Worcestersauce
3 Jalapeño-Chilis, rot, grün oder gemischt, fein gehackt

1. Das Öl in einer Pfanne auf mittlerer bis hoher Stufe erhitzen und die Zwiebel darin 3–5 Minuten weich braten. Chilipulver und Cayennepfeffer zugeben und weitere 30 Sekunden braten. Die restlichen Zutaten außer den Chilis hinzufügen und rühren, bis sich alles verbunden hat.

2. Die Mischung zum Kochen bringen. Falls sich Schaum bildet, sollten Sie diesen abschöpfen. Die Chilis hinzugeben. Die Hitze reduzieren und das Ganze 30 Minuten sanft köcheln lassen, dabei gelegentlich umrühren und den Schaum abschöpfen.

3. Die Sauce mit einem Stabmixer oder in einer Küchenmaschine pürieren. Mit einem Holzlöffel durch ein Sieb streichen, um so viel Sauce wie möglich zu erhalten.

4. Die Sauce kann sofort verzehrt oder abgekühlt in einem luftdichten Behälter bis zu 2 Wochen im Kühlschrank aufbewahrt werden. Hinweise zur Aufbewahrung finden Sie auf Seite 10.

GRÜNE THAI-CURRYSAUCE

Mit dieser Sauce im Kühlschrank können Sie jederzeit ein köstliches Curry mit allen Geschmacksnoten Thailands zaubern. Sie schmeckt besonders gut in Geflügel- oder Gemüsecurrys.

ERGIBT: ETWA 350 ML   **ZUBEREITEN: 10 MIN**   **GAREN: 15 MIN**

ZUTATEN

2 EL Sonnenblumenöl

400 ml Kokosmilch aus der Dose

1 EL Thai-Fischsauce, nach Geschmack

frischer Limettensaft, nach Geschmack

Pfeffer

THAI-CURRYPASTE

6 grüne Vogelaugenchilis, entkernt und grob gehackt

4 frische Stängel Koriander

4 Frühlingszwiebeln, gehackt

2 grüne Serrano-Chilis, gehackt

2 Knoblauchzehen, gehackt

2 Stängel Zitronengras, äußere Haut entfernt, gehackt

1 Kaffir-Limettenblatt oder fein abgeriebene Schale von 1 Limette

2,5-cm-Stück Ingwerwurzel, gehackt

1 EL Sonnenblumenöl

1 TL gemahlener Koriander

1. Für die grüne Thai-Currypaste alle Zutaten mit einem Stabmixer oder in einer Küchenmaschine zu einer dicken Paste verarbeiten.

2. Das Öl in einem Wok oder Topf auf höchster Stufe erhitzen. Die Currypaste darin 4–5 Minuten pfannenrühren, bis sie zu duften beginnt.

3. Kokosmilch und Fischsauce einrühren und mit Pfeffer abschmecken. Die Hitze reduzieren und alles unter gelegentlichem Rühren 10 Minuten köcheln lassen, bis die Aromen sich verbunden haben und die Sauce reduziert ist. Dann nach Geschmack mit Limettensaft, Fischsauce und Pfeffer nachwürzen.

4. Die Sauce sofort servieren oder abgekühlt in einem luftdichten Behälter bis zu 3 Tage im Kühlschrank aufbewahren.

WÜRZIGES KNOBLAUCH-CHILI-ÖL

Mit diesem Öl können Sie eine Menge Gerichte aufpeppen. Träufeln Sie es über Pizza oder Pasta oder geben Sie einen Schuss in ein leckeres Chili. Je länger das Öl ziehen kann, desto schärfer wird es!

ERGIBT: ETWA 225 ML   **ZUBEREITEN: 5 MIN**   **GAREN: 2 STD**

ZUTATEN

5 Knoblauchzehen, längs halbiert
2 EL entkernte und gehackte Jalapeño-Chilis
1 TL getrockneter Oregano
225 ml Rapsöl

1. Den Backofen auf 150 °C vorheizen. Knoblauch, Chilis und Oregano in einem ofenfesten Messbecher mit dem Öl verrühren. Auf einen Teller in die Mitte des Ofens stellen und 1½ –2 Stunden erhitzen. Das Öl sollte dabei eine Temperatur von 120 °C erreichen.

2. Aus dem Ofen nehmen, abkühlen lassen und durch ein Musselintuch in ein sauberes Glas abseihen. Das Öl kann in einem luftdichten Behälter bis zu 1 Monat im Kühlschrank aufbewahrt werden. Sie können die Knoblauch- und Chilistückchen auch dekorativ im Öl lassen und erst vor Gebrauch rausfiltern.

HEISSER TIPP

Seien Sie besonders vorsichtig beim Erhitzen des Öls in Schritt 1. Achten Sie darauf, auf jeden Fall einen ofenfesten Messbecher zu verwenden, und tragen Sie dicke Ofenhandschuhe, wenn Sie das heiße Öl aus dem Ofen nehmen.

JETZT WIRD'S HEISS!

SCHARF, SCHÄRFER, CHILI!

Chilis sind ganz schön freche Früchtchen – einige der schärfsten Chilis der Welt sehen von außen ganz harmlos aus. Doch wenn man sie aufschneidet, zeigt sich eine faszinierende Anatomie.

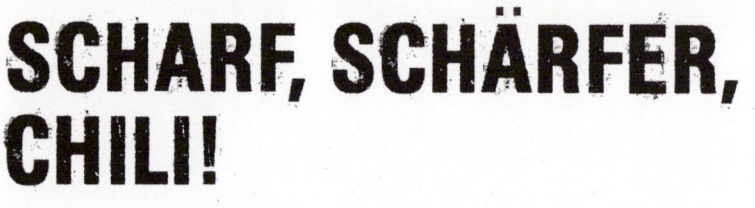

KELCH
Dies sind die Reste der Kelchblätter der Blüte, darauf entwickelt sich die Frucht.

FRUCHTSTIEL
Diesen sollte man natürlich nicht mitessen.

FRUCHTSCHALE
Die schützende äußere Haut der Chilifrucht.

SAMEN

Entgegen der weitverbreiteten Meinung sind sie nicht der schärfste Teil der Frucht, obwohl sie durch ihre Lage dicht an den Capsaicin-Drüsen viel Schärfe von dort aufnehmen.

PLAZENTA

Hier beginnt die Chilifrucht zu wachsen. Je nach Chilisorte kann die Plazenta weiß, gelb oder rot sein.

FRUCHTFLEISCH

Diese Schicht schützt das empfindliche Innere der Chilifrucht und verleiht ihr die Struktur.

SCHEIDEWAND

Hierher stammt die Schärfe! Diese Leiste, die von der Plazenta aus längs durch den Chili verläuft, produziert das Capsaicin, die Schärfequelle jeder Chilifrucht.

INNENHAUT

Das Innere der Chilifrucht ist wegen der Nähe zu den Scheidewänden auch noch relativ scharf.

FEURIGE CHIPOTLE-LIMETTEN-SAUCE

Morita-Chipotle-Chilis und rote Chiliflocken verleihen dieser Sauce einen rauchigen Geschmack und einen ordentlichen Schuss Schärfe. Die Limette verleiht den starken Aromen einen erfrischenden Abgang.

ERGIBT: ETWA 300 ML   **ZUBEREITEN: 10 MIN**   **GAREN: 10 MIN**

ZUTATEN

4 EL Sonnenblumen- oder Rapsöl

1 Zwiebel, fein gehackt

2 große Knoblauchzehen, zerdrückt

1 TL gemahlener Zimt

½ TL gemahlener Piment

½ TL gemahlener Kreuzkümmel

8 getrocknete Chipotle-Chilis (Morita, Meco oder beide), geröstet und eingeweicht (siehe Seite 82), Stiele entfernt, Einweichwasser aufbewahrt

1 EL getrocknete rote Chiliflocken

1 TL mexikanischer Oregano oder getrockneter Majoran

1 TL getrockneter Thymian

fein abgeriebene Schale von 1 Limette

2 EL frisch gepresster Limettensaft, nach Geschmack

Salz und Pfeffer

1. Das Öl in einer Pfanne auf mittlerer Stufe erhitzen. Die Zwiebel darin unter Rühren 3–5 Minuten weich dünsten. Knoblauch, Zimt, Piment und Kreuzkümmel zugeben und 1 weitere Minute anbraten. Dann alles in eine Küchenmaschine geben.

2. Die Chilis grob hacken und mit Chiliflocken, Oregano, Thymian, Salz und Pfeffer in die Küchenmaschine geben und zu einer Paste verarbeiten. 1–2 Esslöffel des Einweichwassers hinzufügen und weiterverarbeiten, bis eine dickflüssige Sauce entsteht.

3. Die Sauce wieder in die Pfanne geben und unter Rühren zum Kochen bringen. 2–3 Minuten einkochen lassen, dann Limettenschale und -saft zugeben. Bei Bedarf nachwürzen und nach Geschmack mehr Saft zugeben.

4. Die Sauce kann sofort serviert werden, schmeckt aber am besten, wenn sie vorher mindestens 1 Tag in einem luftdichten Behälter im Kühlschrank aufbewahrt wurde. So hält sie sich auch bis zu 2 Wochen. Hinweise zur Aufbewahrung finden Sie auf Seite 10.

SAUCE FÜR KREOLISCHES GUMBO

Ein Gumbo aus Louisiana kann mild oder würzig-scharf sein – und diese Sauce ist etwas für alle, die Schärfe mögen. Die drei wichtigsten Zutaten der kreolischen Küche, Sellerie, Zwiebeln und grüne oder rote Paprika, werden durch grüne Thai-Chilis und Cayennepfeffer aufgepeppt.

ERGIBT: ETWA 600 ML   **ZUBEREITEN: 10 MIN**   **GAREN: 1¼ STD**

ZUTATEN

4 EL Sonnenblumenöl
4 EL Mehl
2 Selleriestangen, fein gehackt
1 große Zwiebel, fein gehackt
1 grüne Paprika, gehackt
1 rote Paprika, gehackt
4 Knoblauchzehen, zerdrückt
2 grüne Thai-Chilis, fein gehackt
1 TL Cayennepfeffer
1 TL geräuchertes Paprikapulver, süß (Pimentón)
700 ml Hühnerbrühe
400 g gehackte Tomaten aus der Dose
450 g Okras, in feinen Scheiben
2 Lorbeerblätter
1 TL Salz
1 TL getrockneter Thymian
½ TL getrockneter Majoran
1 Prise Pfeffer
½ TL Louisiana Hot Pepper Sauce (siehe Seite 80) oder nach Geschmack

1. Das Öl in einem großen Topf auf mittlerer bis hoher Stufe erhitzen. Mit dem Schneebesen langsam das Mehl einrühren; ständig rühren, damit sich keine Klumpen bilden. Unter Rühren 10 Minuten garen, bis die Mischung eine dunkle nussbraune Farbe annimmt.

2. Sellerie, Zwiebel und Paprika hinzugeben, dann die Hitze reduzieren und das Ganze 5–8 Minuten pfannenrühren, bis das Gemüse weich wird. Knoblauch, Chilis, Cayennepfeffer und Paprikapulver einrühren und 1 weitere Minute garen.

3. Brühe, Tomaten, Okras, Lorbeerblätter, Salz, Thymian, Majoran und Pfeffer hinzufügen. Alles zugedeckt zum Kochen bringen, dann die Hitze reduzieren und alles etwa 1 Stunde köcheln lassen, bis die Sauce eingedickt ist. Mit Pfeffer und nach Belieben mit scharfer Sauce nachwürzen.

4. Die Sauce kann sofort verwendet oder abgekühlt in einem luftdichten Behälter bis zu 2 Tage im Kühlschrank aufbewahrt werden. Diese Sauce kann bis zu 1 Monat eingefroren werden, siehe Seite 10.

HEISSBLÜTIGE HARISSA

Für diese Sauce können Sie jede Chilisorte nehmen, Hauptsache scharf! Die Farbe der Sauce variiert je nach Sorte von flammend rot bis teuflisch braunrot.

ERGIBT: ETWA 175 ML **ZUBEREITEN: 5 MIN PLUS EINWEICHEN** **GAREN: 1-2 MIN**

ZUTATEN

12 scharfe getrocknete rote Chilis, z.B. Aji, Guajillo, New Mexican, Pasilla oder eine Kombination

1 EL Aleppo-Chiliflocken

125 ml Olivenöl, plus etwas mehr bei Bedarf

1 TL Kümmel

1 TL Kreuzkümmelsamen

½ TL Fenchelsamen

2 rote Jalapeño-Chilis, fein gehackt

Salz und Pfeffer

1. Die getrockneten Chilis in eine hitzebeständige Schüssel legen, kochendes Wasser darübergießen, bis sie ganz bedeckt sind. 15 Minuten ruhen lassen. Dann die Chilis gut abtropfen und trocken tupfen, die Stiele entfernen und die Chilis fein hacken.

2. In eine Schüssel geben, Chiliflocken und Öl hinzugeben und 1 Stunde beiseitestellen.

3. Unterdessen eine Pfanne ohne Öl auf mittlerer bis hoher Stufe erhitzen. Kümmel, Kreuzkümmel- und Fenchelsamen hineingeben und 1–2 Minuten rösten, bis sie duften. Danach in einen Mörser geben und fein zerreiben.

4. Die eingeweichte Chilimischung, die zerriebenen Samen und die frisch gehackten Chilis in eine Küchenmaschine geben, würzen und pürieren. Gegebenenfalls nachwürzen und mehr Öl zugeben, sodass eine dicke Sauce entsteht.

5. Die Sauce kann sofort verwendet oder mit einer Schicht Olivenöl bedeckt in einem luftdichten Behälter bis zu 2 Wochen im Kühlschrank aufbewahrt werden.

WÜRZIGE TEXAS-CHILISAUCE

Texanische Chiligerichte werden nicht mit Bohnen, sondern nur mit Fleisch zubereitet und brauchen daher eine Sauce wie diese, mit viel Schärfe und Aroma. Sie schmeckt aber auch sehr gut zu Gemüse-Chilis.

ERGIBT: ETWA 700 ML   **ZUBEREITEN: 10 MIN**   **GAREN: 30 MIN**

ZUTATEN

2 EL Sonnenblumenöl

1 rote Zwiebel, gehackt

2 Knoblauchzehen, gehackt

1 grüne Serrano-Chili, längs halbiert

1 EL brauner Zucker

2 TL gemahlener Kreuzkümmel

2 TL getrockneter mexikanischer Oregano oder getrockneter Thymian

2 getrocknete Morita-Chipotle-Chilis, geröstet, eingeweicht, entkernt und gehackt, siehe Seite 82

1 getrocknete Guajillo-Chili, geröstet, eingeweicht, entkernt und gehackt, siehe Seite 82

1 getrocknete rote New-Mexico-Chili, geröstet, eingeweicht, entkernt und gehackt, siehe Seite 82

400 g gehackte Tomaten aus der Dose

125 ml Rinderbrühe

125 ml starker schwarzer Kaffee

Salz und Pfeffer

1. Das Öl in einem Topf auf mittlerer Stufe erhitzen. Die Zwiebel darin 3–5 Minuten weich dünsten. Knoblauch, Serrano-Chili, Zucker, Kreuzkümmel und Oregano zugeben und 1 Minute mitdünsten.

2. Die Zwiebelmischung in eine Küchenmaschine geben, die restlichen Chilis sowie Tomaten, Brühe und Kaffee hinzugeben und mit Salz und Pfeffer abschmecken. Zu einem Püree verarbeiten.

3. Das Püree wieder in den Topf geben und zum Kochen bringen, dann auf niedrigster Stufe zugedeckt unter gelegentlichem Rühren 15 Minuten köcheln lassen. Gegebenenfalls nachwürzen.

4. Die Sauce kann sofort verwendet oder abgekühlt in einem luftdichten Behälter bis zu 3 Tage im Kühlschrank aufbewahrt werden. Diese Sauce kann bis zu 3 Monate eingefroren werden, siehe Seite 10.

HITZIGES CHIMICHURRI

Kein lateinamerikanisches Barbecue ohne ein pikant-frisches Chimichurri – ein Mix aus Kräutern und Chilis! Die Sauce passt zu allen gegrillten und gebratenen Fleischsorten oder zu Gemüse.

ERGIBT: ETWA 175 ML   **ZUBEREITEN: 5 MIN PLUS MARINIEREN**   **GAREN: OHNE**

ZUTATEN

30 g frische Korianderblätter

30 g frische glatte Petersilienblätter

4 Knoblauchzehen, grob gehackt

1–2 grüne Vogelaugenchilis, fein gehackt

1 TL getrocknete Chiliflocken

1 TL getrockneter mexikanischer Oregano oder getrockneter Thymian, nach Belieben

125 ml Sonnenblumen- oder Rapsöl

4 EL Rot- oder Weißweinessig

Salz und Pfeffer

1. Koriander, Petersilie, Knoblauch, Chilis, Chiliflocken, Oregano, Salz und Pfeffer mit einem Stabmixer oder in einer Küchenmaschine fein hacken.

2. Bei laufendem Motor langsam das Öl einträufeln lassen. Dann den Essig hinzugeben und gegebenenfalls nachwürzen.

3. Die Sauce kann sofort serviert werden, schmeckt aber am besten, wenn sie in einem luftdichten Behälter mindestens 3 Stunden in den Kühlschrank gestellt wird, damit sich die Aromen verbinden können. Die Sauce hält sich, mit einer Schicht Öl bedeckt, bis zu 3 Tage im Kühlschrank. Die leuchtend grüne Farbe schwächt dann allerdings etwas ab. Vor dem Servieren das Öl abgießen.

HEISSER TIPP

Wenn Sie keine Küchenmaschine haben, hacken Sie Koriander, Petersilie und Knoblauch mit einem Messer und vermischen Sie dann alles in einer Schüssel.

EXTRASCHARFE GRÜNE CHILISAUCE

Tortillachips mit fertiger Salsa werden Ihnen nicht mehr schmecken, wenn Sie erst einmal diese Sauce probiert haben! Sie ist pikantscharf durch die eingelegten Jalapeños und die rauchige Paprikawürze.

ERGIBT: ETWA 400 ML   **ZUBEREITEN: 10 MIN**   **GAREN: OHNE**

ZUTATEN

450 g Tomatillos aus der Dose, abgetropft, Stielansätze entfernt, grob gehackt

4 Frühlingszwiebeln, gehackt

2 große Knoblauchzehen, grob gehackt

2 EL eingelegte Jalapeño-Chilis, abgetropft, gehackt

1 Handvoll Korianderblätter

frisch gepresster Limettensaft, nach Geschmack

flüssiger Honig, nach Belieben

½ TL geräuchertes Paprikapulver, scharf (Pimentón)

Salz und Pfeffer

fein gehackter Koriander, zum Garnieren

1. Tomatillos, Frühlingszwiebeln, Knoblauch, Chilis und Korianderblätter mit dem Stabmixer oder in der Küchenmaschine fein hacken, aber nicht pürieren.

2. Die Mischung in eine Schüssel geben, mit Salz und Pfeffer abschmecken, dann nach Geschmack Limettensaft und Honig zugeben und das Paprikapulver einrühren.

3. Die Sauce kann sofort verwendet oder in einem luftdichten Behälter bis zu 4 Tage im Kühlschrank aufbewahrt werden, allerdings verliert sie nach dem 3. Tag an Farbe. Vor dem Servieren mit gehacktem Koriander bestreuen.

VERSCHÄRFT!

Chilis zu verwenden ist nur eine Möglichkeit, Ihrem Essen Schärfe zu verleihen. Warum nicht auch andere Gewürze und Würzpasten ausprobieren, die die Rezepte für scharfe Saucen bereichern?

HARISSA-PASTE

Diese dunkelrote Paste, die vielen nordafrikanischen Speisen Würze und Geschmack verleiht, gibt es in scheinbar endlosen Variationen. Immer enthalten sind Chilis, Öl und Kreuzkümmel. Machen Sie sie selbst (siehe Seite 52) oder kaufen Sie sie im Supermarkt oder Asia-Shop.

MEERRETTICH

Diese dicke, weiße Wurzel hat frisch gerieben ein intensiv scharfes Aroma. Der Schärfeeffekt wird verlängert, wenn man ihn mit Zitronensaft mischt. Geriebener Meerrettich ist schärfer als fertige Meerrettichsauce oder Meerrettich in Essig.

SENF

Das schärfste Senfaroma erzielen Sie mit Senfmehl. Damit sich keine Klumpen bilden, sollte man es wie Mehl behandeln und Flüssigkeiten gleichmäßig einrühren.

PAPRIKAPULVER

ist fein gemahlenes Pulver aus Gemüsepaprika, das in Ungarn, Spanien und vielen anderen Ländern hergestellt wird. Die Schärfe reicht von mild bis scharf. Das spanische Pimentón wird aus getrockneten und geräucherten Paprika gemacht.

SAMBAL OELEK

Diese rote Sauce aus Chilis, Salz und Zitronensaft oder Essig kommt aus Südostasien. Es gibt sie in verschiedenen Schärfegraden in Supermärkten und Delikatessenläden.

SZECHUAN-PFEFFERKÖRNER

Der Geschmack dieser rosig braunen, getrockneten Pfefferkörner ist unverwechselbar: Die Schärfe mischt sich mit einem anhaltend prickelnden Gefühl auf Lippen und Zunge.

WASABI

Die blassgrüne Wurzel, auch als Japanischer Meerrettich bekannt, hat es in sich. Sie schmeckt stechend scharf und wird meist fertig als Paste oder in Pulverform angeboten.

ROTE THAI-CURRYSAUCE

Gegenüber den fertigen leuchtend roten Currypasten sind die selbst gemachten meist heller in der Farbe. In diesem Rezept sorgt Kashmir-Chilipulver oder scharfes Paprikapulver für Schärfe und Farbe.

ERGIBT: ETWA 450 ML   **ZUBEREITEN: 30 MIN**   **GAREN: 10 MIN**

ZUTATEN

2 EL Sonnenblumenöl

400 ml Kokosmilch

1 EL Thai-Fischsauce, nach Geschmack

1 EL frisch gepresster Limettensaft, nach Geschmack

1 EL dunkle Sojasauce, nach Geschmack

4 frische rote oder grüne Thai-Chilis, in feinen Scheiben

Pfeffer

ROTE CURRY PASTE

24 getrocknete Vogelaugen-chilis, Stiele entfernt

2 Knoblauchzehen, gehackt

2 große Schalotten, gehackt

1 Stängel Zitronengras, gehackt

2,5-cm-Stück Galgant, grob gehackt

2,5-cm-Stück Ingwerwurzel, fein gehackt

2 TL Kashmir-Chilipulver oder scharfes Paprikapulver

2 TL gemahlener Koriander

1 TL gemahlener Kreuzkümmel

1. Für die Currypaste die Chilis 20 Minuten in heißem Wasser einweichen, bis sie weich werden. Während des Einweichens mit einem kleinen, hitze-beständigen Teller beschweren.

2. Abtropfen, die Flüssigkeit auffangen, die Chilis hacken und in eine Küchenmaschine geben.

3. Die restlichen Zutaten für die Currypaste hinzu-fügen und alles pürieren. Eventuell etwas von der Einweichflüssigkeit hinzugeben, bis sich eine dicke Paste bildet.

4. Das Öl in einem Wok auf höchster Stufe erhitzen, 3 Esslöffel der Currypaste hineingeben und etwa 30 Sekunden pfannenrühren. Kokosmilch, Fisch-sauce, Limettensaft, Sojasauce und Pfeffer einrühren und alles unter Rühren zum Kochen bringen. Die Hitze reduzieren und das Ganze 5 Minuten köcheln lassen. Die Chilis einrühren. Nach Geschmack mit Currypaste, Fischsauce, Limettensaft, Sojasauce und Pfeffer nachwürzen.

5. Die Sauce kann sofort verzehrt oder abgekühlt in einem luftdichten Behälter bis zu 3 Tage im Kühl-schrank aufbewahrt werden.

SCHARFE SERRANO-KORIANDER-SAUCE

Mit der Küchenmaschine wird diese Sauce cremig wie Mayonnaise; von Hand gerührt ein wenig grober, wie Guacamole. Sie schmeckt zu gebratenen Meeresfrüchten oder als Guacamole-Ersatz in Tacos und Burritos.

ERGIBT: ETWA 225 ML   **ZUBEREITEN: 10 MIN**   **GAREN: OHNE**

ZUTATEN

5 EL Sonnenblumenöl

3 EL frisch gepresster Limettensaft, nach Geschmack

1 TL flüssiger Honig, nach Geschmack

125 g reife Avocado, grob gehackt

2 rote oder grüne Serrano-Chilis, entkernt und grob gehackt

1-cm-Stück Ingwerwurzel, fein gerieben

1 kleine Handvoll Korianderblätter, grob gehackt

Salz und Pfeffer

1. 3 Esslöffel des Öls, Limettensaft, Honig, Salz und Pfeffer in einer Küchenmaschine vermischen. Die Avocado und das restliche Öl zugeben und pürieren.

2. Chilis, Ingwer und Korianderblätter zugeben und so lange mit der Pulsfunktion verarbeiten, bis Chilis und Koriander fein gehackt und in der Sauce verteilt sind.

3. Alternativ 3 Esslöffel des Öls, Limettensaft, Honig, Salz und Pfeffer in einer Schüssel verquirlen. Die Avocado mit einer Gabel zerdrücken und einrühren, dann Chilis, Ingwer, Koriander und restliches Öl einrühren.

4. Gegebenenfalls mit mehr Honig oder Limettensaft nachwürzen. Sofort servieren.

HEISSER TIPP

Anders als die meisten scharfen Saucen isst man diese lieber gleich, denn nach etwa 30 Minuten wird die Sauce durch die Avocado langsam braun.

WILDE GOCHUJANG-SAUCE

Gochujang ist eine fermentierte Paste aus Chilis und Sojabohnen. Verwenden Sie diese Sauce als Marinade oder Dip oder zum Bestreichen von Fleisch und Geflügel während des Bratens.

ERGIBT: ETWA 150 ML   **ZUBEREITEN: 5 MIN**   **GAREN: OHNE**

ZUTATEN

5 EL Gochujang-Paste
2 TL Chilipaste
2 EL Zucker
2 EL heißes Wasser
2 TL helle Sojasauce
1 TL Reisessig
1 TL geröstetes Sesamöl

1. Gochujang-Paste, Chilipaste und Zucker in einer hitzebeständigen Schüssel vermengen, dann das Wasser einrühren, bis sich Zucker und Pasten aufgelöst haben.

2. Sojasauce, Reisessig und Sesamöl einrühren. Vollständig abkühlen lassen.

3. Die Sauce kann sofort verwendet oder in einem luftdichten Behälter bis zu 2 Wochen im Kühlschrank aufbewahrt werden. Möchten Sie größere Mengen herstellen, dann finden Sie auf Seite 10 Tipps für eine längere Lagerung.

HEISSER TIPP

Dieses Rezept kombiniert authentischen Geschmack mit dem praktischen und schnellen Einsatz von fertiger Gochujang-Paste, die es in vielen Asia-Shops zu kaufen gibt. Beim koreanischen Barbecue und dem Nationalgericht Bibimbap geht es nicht ohne!

NACHO-SAUCE FÜR MUTIGE

Die Schärfe dieser cremigen Nacho-Sauce entsteht durch mehrere Zutaten – das Senfmehl, die Louisiana-Sauce und die fein gehackten Chilis. Diese Sauce passt zu Tortillachips, aber auch Pasta oder Folienkartoffeln.

ERGIBT: ETWA 300 ML   **ZUBEREITEN: 5 MIN**   **GAREN: 15 MIN**

ZUTATEN

125 g reifer Hartkäse, grob gerieben

3 EL Speisestärke

1 EL Senfmehl

150 ml Milch

2 EL Frischkäse

2 TL Louisiana Hot Pepper Sauce (siehe Seite 80), Sriracha-Sauce (siehe Seite 92) oder eine andere scharfe Sauce, nach Geschmack

2 rote oder grüne Jalapeño-Chilis, fein gehackt

Salz und Pfeffer

1. Käse, Speisestärke und Senfmehl in einer hitzebeständigen Schüssel vermengen und beiseitestellen.

2. Die Milch in einem Topf zum Kochen bringen. 4 Esslöffel der heißen Milch in die Käsemischung rühren. Dann die Käsemischung unter kräftigem Rühren mit dem Schneebesen zur Milch gießen.

3. Die Mischung noch einmal aufkochen lassen, die Hitze reduzieren und unter ständigem Rühren weitere 5 Minuten köcheln lassen, bis der Käse geschmolzen und die Sauce glatt und eingedickt ist. Den Topf vom Herd nehmen, den Frischkäse und die Louisiana-Sauce einrühren. Mit Salz und Pfeffer abschmecken und die Chilis einrühren.

4. Die Sauce kann sofort serviert werden oder abgekühlt in einem luftdichten Behälter bis zu 3 Tage im Kühlschrank aufbewahrt werden. Vor dem Servieren wieder sanft erhitzen, ohne zu kochen.

HEISSER TIPP

Speisestärke und Senfmehl nie direkt in die heiße Sauce streuen. Zuerst mit einigen Esslöffeln Flüssigkeit glatt rühren und erst dann in die Sauce geben.

MEXIKANISCHE MOLE-SAUCE

Geröstete Nüsse und Samen machen diese klassische mexikanische Sauce so reichhaltig. Die Mischung aus Pasilla- und Ancho-Chilis rundet die Schärfe mit intensivem Aroma ab. Die Schokolade gibt den Extrakick.

ERGIBT: ETWA 350 ML **ZUBEREITEN: 15 MIN** **GAREN: 10 MIN**

ZUTATEN

3 EL Sonnenblumenöl

1 EL Kürbiskerne ohne Schale

1 weiche Tortilla vom Vortag, in kleine Stücke gebrochen

1 rote Zwiebel, gehackt

1 TL gemahlener Zimt

½ TL Cayennepfeffer

½ TL gemahlener Koriander

½ TL gemahlener Kreuzkümmel

¼ TL gemahlene Nelken

3 getrocknete Pasilla-Chilis, geröstet, eingeweicht, entkernt (siehe Seite 82)

1 getrocknete Ancho-Chili, geröstet, eingeweicht, entkernt (siehe Seite 82)

4 EL blanchierte Mandeln, geröstet

4 EL geschälte Haselnüsse, geröstet

2 TL Sesamsaat, geröstet

30 g Schokolade mit mindestens 70 % Kakaogehalt, gehackt

Salz und Pfeffer

1. 1 Esslöffel des Öls in einer Pfanne auf mittlerer bis hoher Stufe erhitzen. Die Kürbiskerne darin 30–60 Sekunden braten, bis sie beginnen aufzuplatzen. Dann in eine Küchenmaschine geben.

2. 1 weiterer Esslöffel Öl in der Pfanne erhitzen und die Tortillastücke darin 1 Minute goldbraun braten. Zu den Kürbiskernen geben.

3. Das restliche Öl in der Pfanne erhitzen. Die Zwiebel darin 3–5 Minuten weich dünsten. Die Gewürze hinzugeben und 1 Minute mitdünsten.

4. Die Zwiebelmischung zusammen mit Chilis, Mandeln, Nüssen, Sesam und Schokolade in die Küchenmaschine geben, mit Salz und Pfeffer abschmecken. Alles zu einer dicken, körnigen Sauce verarbeiten. Wenn nötig, nachwürzen.

5. Die Sauce kann sofort verzehrt oder abgekühlt in einem luftdichten Behälter bis zu 3 Tage im Kühlschrank aufbewahrt werden. Diese Sauce kann bis zu 1 Monat eingefroren werden, siehe Seite 10.

JAPANISCHE TERIYAKI-SAUCE

Die feurige grüne Wasabi-Paste und der frische Ingwer geben dieser traditionell eher milden japanischen Sauce sowohl die nötige Schärfe als auch den unverwechselbaren Geschmack.

ERGIBT: ETWA 75 ML **ZUBEREITEN: 5 MIN** **GAREN: 8-10 MIN**

ZUTATEN

125 ml japanische Sojasauce

4 EL Sake

4 EL Mirin (süße Reis-weinmischung) oder trockener Sherry

4 EL brauner Zucker

1 Knoblauchzehe, zerdrückt

2,5-cm-Stück Ingwerwurzel

1 EL grüne Wasabi-Paste, nach Geschmack

1. Sojasauce, Sake, Mirin, Zucker und Knoblauch in einem Topf verrühren, bis sich der Zucker aufgelöst hat. Den Ingwer direkt in den Topf reiben, damit der Saft nicht verloren geht. Zum Kochen bringen, dann die Hitze reduzieren und die Flüssigkeit 8–10 Minuten köcheln lassen, bis sie dickflüssig ist.

2. Die Wasabi-Paste einrühren, bis sie sich auflöst.

3. Die Sauce kann sofort verwendet oder abgekühlt in einem luftdichten Behälter bis zu 3 Wochen im Kühlschrank aufbewahrt werden. Den Ingwer aber immer erst kurz vor dem Servieren hineinreiben, danach die Sauce wieder aufwärmen.

FEURIGE CURRYSAUCE

Bereiten Sie diese Sauce am besten in großen Portionen zu und frieren Sie sie dann portionsweise ein. Sie ist so vielseitig, dass man sie als Grundlage für Fleisch-, Geflügel- und Gemüsecurrys verwenden kann.

ERGIBT: ETWA 400 ML   **ZUBEREITEN: 10 MIN**   **GAREN: 20 MIN**

ZUTATEN

400 g gehackte Tomaten aus der Dose

2–3 grüne oder rote Vogel-augenchilis, gehackt

4 Knoblauchzehen, gehackt

1-cm-Stück Ingwerwurzel, gehackt

3 EL Erdnuss- oder Sonnenblumenöl

2 Zwiebeln, fein gehackt

1½ TL Salz

½ TL Kurkuma

1 Prise Rohrzucker

1 EL Garam Masala

Pfeffer

1. Tomaten, Chilis, Knoblauch und Ingwer mit einem Stabmixer oder in einer Küchenmaschine pürieren. Alternativ Chilis, Knoblauch und Ingwer im Mörser zerreiben, dann die Tomaten zugeben und beiseitestellen.

2. Das Öl in einem großen Wok oder Topf auf mittlerer bis hoher Stufe erhitzen. Die Zwiebeln darin unter ständigem Rühren 5–8 Minuten anbräunen. Die Tomatenmischung hinzugeben und unter Rühren zum Kochen bringen.

3. Salz, Kurkuma und Zucker einrühren und alles mit Pfeffer abschmecken. Alles auf niedrigster Stufe ohne Deckel 10–15 Minuten köcheln lassen, bis sich das Öl am Rand absetzt.

4. Das Garam Masala einrühren, dann die Sauce vom Herd nehmen.

5. Die Sauce sofort servieren oder abgekühlt in einem luftdichten Behälter bis zu 3 Tage im Kühlschrank aufbewahren. Diese Sauce kann bis zu 3 Monate eingefroren werden, siehe Seite 10.

HOCHEXPLOSIV!

FEURIG-SCHARFE PERI-PERI-SAUCE

Diese selbst gemachte Peri-Peri-Sauce wird Sie umhauen! Sie ist noch viel leckerer als im Restaurant und schmeckt besonders gut zu knusprigen Chicken Wings.

ERGIBT: ETWA 75 ML　　**ZUBEREITEN: 10 MIN**　　**GAREN: 10 MIN**

ZUTATEN

4 EL Sonnenblumenöl

24 Peri-Peri-Chilis oder rote Vogelaugenchilis, gehackt

½ Zwiebel, fein gehackt

4 große Knoblauchzehen, gehackt

1 TL Paprikapulver edelsüß

¼ TL gemahlener Piment

6 EL frisch gepresster Zitronensaft, nach Geschmack

2 EL Wasser

fein abgeriebene Schale von 1 Zitrone

Salz und Pfeffer

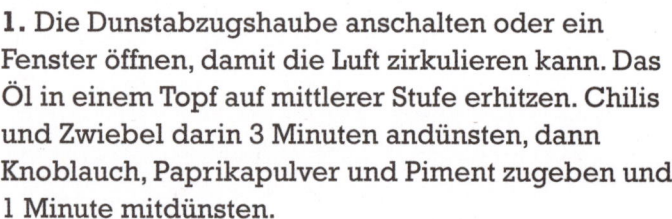

1. Die Dunstabzugshaube anschalten oder ein Fenster öffnen, damit die Luft zirkulieren kann. Das Öl in einem Topf auf mittlerer Stufe erhitzen. Chilis und Zwiebel darin 3 Minuten andünsten, dann Knoblauch, Paprikapulver und Piment zugeben und 1 Minute mitdünsten.

2. 4 Esslöffel Zitronensaft und das Wasser einrühren, alles mit Salz und Pfeffer abschmecken und unter Rühren zum Kochen bringen. Auf niedriger Stufe zugedeckt 5 Minuten köcheln lassen, bis die Chilis sehr weich sind. Darauf achten, dass der Knoblauch nicht anbrennt.

3. Für eine glatte Sauce die Zutaten mit einem Stabmixer oder in einer Küchenmaschine pürieren. Sie können die Sauce aber auch grobkörniger lassen. Den restlichen Zitronensaft einrühren, gegebenenfalls nachwürzen. Die Zitronenschale zufügen.

4. Die Sauce kann sofort verwendet oder abgekühlt in einem luftdichten Behälter bis zu 2 Wochen im Kühlschrank aufbewahrt werden. Hinweise zur Aufbewahrung finden Sie auf Seite 10.

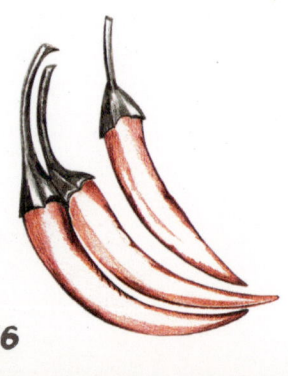

JAMAIKANISCHE GRILLSAUCE

Dieser karibische Klassiker wird als Marinade oder zum Würzen des Fleisches beim Barbecue verwendet. Traditionell wird die Sauce zu Hühnchen gegessen, sie passt aber auch zu Fleisch- und Fischgerichten.

ERGIBT: ETWA 300 ML **ZUBEREITEN: 10 MIN PLUS ZIEHEN** **GAREN: OHNE**

ZUTATEN

4 EL frisch gepresster Zitronensaft

4 EL dunkle Sojasauce

4 EL Sonnenblumenöl

4 EL Rot- oder Weißweinessig

4 rote Scotch-Bonnet- oder Habanero-Chilis, entkernt und sehr fein gehackt

4 Frühlingszwiebeln, sehr fein gehackt

1 Schalotte, sehr fein gehackt

2,5-cm-Stück Ingwerwurzel, gerieben

2 EL brauner Zucker

2 TL getrockneter Thymian

1 TL gemahlener Piment

½ TL gemahlener Zimt

¼ TL gemahlene Nelken

Salz und Pfeffer

1. Zitronensaft, Sojasauce, Öl und Essig in einer Schüssel verrühren.

2. Die restlichen Zutaten einrühren und mit Salz und Pfeffer abschmecken. So lange rühren, bis sich der Zucker aufgelöst hat. Mindestens 30 Minuten ziehen lassen, damit sich die Aromen verbinden können.

3. Die Sauce kann sofort verzehrt oder in einem luftdichten Behälter bis zu 1 Monat im Kühlschrank aufbewahrt werden.

LOUISIANA HOT PEPPER SAUCE

Diese Sauce wird traditionell aus frischen Tabasco-Chilis gemacht, doch die sind schwer zu bekommen. Hier sorgen getrocknete Cayenne- oder Vogelaugenchilis für das prickelnde Gefühl auf der Zunge.

ERGIBT: ETWA 125 ML

ZUBEREITEN: 5 MIN PLUS EINWEICHEN

GAREN: 15 MIN

ZUTATEN

55 g getrocknete rote Cayenne- oder Vogelaugenchilis, Stiele entfernt, grob gehackt und 30 Minuten eingeweicht (siehe Seite 82)

125 ml Weißweinessig

½ TL Salz

1. Die Dunstabzugshaube anschalten oder ein Fenster öffnen. Die eingeweichten Chilis abtropfen. Chilis, Essig und Salz in einen großen Topf geben. Zugedeckt zum Kochen bringen, dann auf niedriger Stufe 10–12 Minuten köcheln lassen, bis die Chilis sehr weich sind.

2. Den Inhalt des Topfes in eine Küchenmaschine geben und pürieren. Die Mischung durch ein Sieb in eine Schüssel streichen und abkühlen lassen.

3. Die Sauce vor dem Verzehr mindestens 2 Wochen in einem luftdichten Behälter im Kühlschrank reifen lassen. Danach hält sie sich im Kühlschrank einen weiteren Monat. Hinweise zur Aufbewahrung finden Sie auf Seite 10.

KARIBISCHE CHILISAUCE

Heißer als die karibische Sonne! In der Karibik kennt man viele Rezepte für scharfe Saucen, und diese Version ist inspiriert von den Chilisaucen aus Trinidad. Sie schmeckt als Marinade für Grillgut oder als Chiliwürze in Suppen und Eintöpfen.

ERGIBT: ETWA 300 ML   **ZUBEREITEN: 10 MIN**   **GAREN: 15 MIN**

ZUTATEN

8 rote und/oder orangefarbene Scotch-Bonnet- oder Habanero-Chilis, entkernt

4 Knoblauchzehen, fein gehackt

1 Karotte, in Scheiben

1 Zwiebel, fein gehackt

6 EL Apfel- oder Rotweinessig

1 EL frisch gepresster Orangen- oder Limettensaft, nach Geschmack

Salz und Pfeffer

1. In einem Topf leicht gesalzenes Wasser zum Kochen bringen. Die Chilis darin 30 Sekunden blanchieren, bis sie weich werden. Mit einem Schaumlöffel herausnehmen und in eine Küchenmaschine geben.

2. Das Wasser wieder aufkochen. Knoblauch, Karotte und Zwiebel darin 5–8 Minuten kochen, bis die Karotte weich ist. Das Gemüse abtropfen lassen und mit Essig und Orangensaft in den Standmixer geben. Mit Salz und Pfeffer abschmecken.

3. Alles zu einer Sauce verarbeiten, diese durch ein feines Sieb in eine Schüssel streichen, dabei mit einem Holzlöffel durch das Sieb schaben, um so viel Püree wie möglich zu erhalten. Nochmals abschmecken. Vor dem Servieren vollständig abkühlen lassen.

4. Die Sauce in einem luftdichten Behälter im Kühlschrank 2 Wochen ziehen lassen, dabei gelegentlich schütteln. Sie hält sich im Kühlschrank weitere 2 Wochen. Hinweise zur Aufbewahrung finden Sie auf Seite 10.

RÖSTEN & EINWEICHEN

Nicht alle Chilis schmecken frisch am besten: Getrocknete Chilis werden vor der Verarbeitung geröstet, um die Aromen zu intensivieren, oder aber vor dem Pürieren eingeweicht.

CHILIS RÖSTEN

Eine Pfanne ohne Öl auf mittlerer Stufe erhitzen. Die getrockneten Chilis darin rösten, bis sie zu duften beginnen. Große Chilis mit einem Metall-Pfannenwender an die heiße Oberfläche drücken, bis sie sich aufblähen und weich werden. Sofort aus der Pfanne nehmen und beiseitestellen. Nicht zu lange rösten, sonst werden sie bitter.

Kleinere Chilis sollten beim Rösten ständig gerührt werden, damit sie nicht anbrennen.

Alternativ den Backofen auf 220 °C vorheizen. Die Chilis auf einem Backblech ausbreiten und im vorgeheizten Backofen 5 Minuten backen, bis sie sich aufblähen und weich werden.

CHILIS EINWEICHEN

Für viele Rezepte müssen die Chilis vor dem Pürieren eingeweicht werden. Dafür die Chilis in eine hitzebeständige Schüssel geben und mit kochendem Wasser übergießen. 5 Minuten stehen lassen, bis sie weich und biegsam werden. Kleine Sorten sollte man mit einem Topfdeckel oder einem hitzebeständigen Teller beschweren, damit sie unter Wasser gehalten werden.

Die Chilis abtropfen lassen, trocken tupfen und die Stiele entfernen.

Manchmal müssen die Chilis auch aufgeschnitten und entkernt werden.

NÜSSE & SAMEN RÖSTEN

Auch Nüsse und Samen bekommen durch trockenes Rösten in einer schweren, heißen Pfanne ein intensiveres Aroma. Ständig rühren, bis sie goldbraun werden, und immer gut hinschauen, da sie sehr schnell verbrennen. Aus der Pfanne nehmen, sobald sie zu duften beginnen. Nicht zu lange rösten, sonst werden sie bitter.

TIPPS ZUM RÖSTEN & EINWEICHEN

• Für weniger Abwasch: Müssen Chilis geröstet und eingeweicht werden, kann nach dem trockenen Rösten in der Pfanne das Wasser gleich hinzugegeben und zum Kochen gebracht werden. Dann die Pfanne vom Herd nehmen und die Chilis einweichen lassen.

• Die Einweichflüssigkeit nie weggießen: Ihr Aroma gibt Suppen, Eintöpfen und Saucen eine angenehme Schärfe. Abkühlen lassen und in einem luftdichten Behälter im Kühlschrank aufbewahren oder in einer Eiswürfelform einfrieren und bei Bedarf portionsweise verwenden.

• Um Zeit zu sparen: größere Portionen Chilis, Nüsse und Samen rösten und in luftdichten Behältern für den nächsten Gebrauch aufbewahren.

ABENTEUERLICHE ADOBO-SAUCE

Chipotle-Chilis sind getrocknete Jalapeño-Chilis, die es in den Sorten Morita und Meco gibt. Meco-Chilis haben ein rauchigeres Aroma, das gut zu geschmorten Fleischgerichten passt.

ERGIBT: ETWA 300 ML   **ZUBEREITEN: 10 MIN**   **GAREN: 1½–1¾ STD**

ZUTATEN

4 EL Tomatenmark

600 ml Wasser

6 EL Weißweinessig

12 getrocknete Chipotle-Chilis, Stiele entfernt

4 Knoblauchzehen, zerdrückt

½ rote Zwiebel, fein gehackt

2 EL brauner Zucker

1 EL gemahlener Kreuzkümmel

1 EL getrockneter mexikanischer Oregano oder Thymian

2 TL geräuchertes Paprikapulver (Pimentón)

2 TL Cayennepfeffer

½ TL Salz

Pfeffer

1. Das Tomatenmark in einem hohen Topf in Wasser und Essig auflösen. Die restlichen Zutaten einrühren und mit Pfeffer abschmecken. Zugedeckt zum Kochen bringen.

2. Den Deckel abnehmen und das Ganze auf niedrigster Stufe 1¼–1½ Stunden köcheln lassen, bis die Chilis sehr weich sind und die Sauce eindickt.

3. Die Sauce mit einem Stabmixer oder in einer Küchenmaschine pürieren. Durch ein Sieb in eine Schüssel streichen, dabei mit einem Holzlöffel durch das Sieb schaben, um so viel Püree wie möglich zu erhalten. Beiseitestellen und abkühlen lassen.

4. Die Sauce kann sofort serviert werden oder in einem luftdichten Behälter bis zu 3 Wochen im Kühlschrank aufbewahrt werden. Hinweise zur Aufbewahrung finden Sie auf Seite 10.

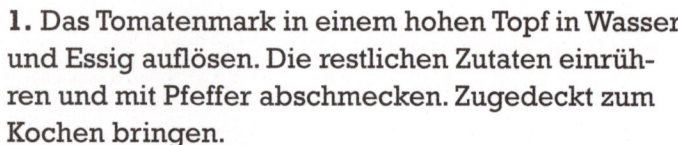

ASIATISCHE SAUCE MIT SCHWARZEN BOHNEN

Die Szechuan-Pfefferkörner hinterlassen im Mund ein prickelndes Gefühl. Die salzigen Bohnen in dieser Sauce sind nicht mit den schwarzen Bohnen aus der karibischen und lateinamerikanischen Küche zu verwechseln!

ERGIBT: ETWA 150 ML **ZUBEREITEN: 10 MIN** **GAREN: 5 MIN**

ZUTATEN

2 EL Erdnuss- oder Sonnenblumenöl

50 g gesalzene oder fermentierte schwarze Bohnen

4 Frühlingszwiebeln, fein gehackt

4 grüne Thai-Chilis, fein gehackt

1 EL Szechuan-Pfefferkörner, geröstet und zerdrückt

1-cm-Stück Ingwerwurzel, fein gerieben

125 ml Rinder-, Hühner- oder Gemüsebrühe

4 EL helle Sojasauce

1 EL Pfeilwurzmehl, in 1 EL Wasser aufgelöst

1 TL geröstetes Sesamöl

Pfeffer

1. Einen Wok auf höchster Stufe erhitzen, das Erdnussöl zugeben und sehr heiß werden lassen. Bohnen, Frühlingszwiebeln, Chilis, Pfefferkörner und Ingwer darin 2 Minuten pfannenrühren, dabei mit einem Holzlöffel die Bohnen leicht zerdrücken.

2. Brühe und Sojasauce hinzufügen und mit Pfeffer abschmecken. Unter Rühren zum Kochen bringen, dann auf niedrigste Stufe schalten.

3. Die Pfeilwurzmischung einrühren und alles etwa 1–2 Minuten köcheln lassen, bis die Sauce dick und glänzend ist. Nach Geschmack mit Pfeffer nachwürzen. Mit dem Sesamöl beträufeln.

4. Die Sauce kann sofort verzehrt oder abgekühlt mit einer dünnen Schicht Öl bedeckt in einem luftdichten Behälter bis zu 1 Woche im Kühlschrank aufbewahrt werden.

HEISSER TIPP

Nehmen Sie 1–2 Esslöffel dieser Sauce pro Portion eines Pfannen- oder Wokgerichtes. Sie passt gut zu einer Rindfleisch-Pilz-Pfanne mit grüner Paprika.

TEXANISCHE CHILISAUCE „LONE STAR"

Die Texaner mögen ihre Saucen scharf, sehr scharf. Pequin-Chilis werden gerade mal 2,5 cm groß, doch was ihnen an Größe fehlt, das machen sie durch intensive, brennende Schärfe wieder wett.

ERGIBT: ETWA 600 ML   **ZUBEREITEN: 10 MIN**   **GAREN: 40 MIN**

ZUTATEN

1½ EL getrocknete Pequin-Chilis

1 TL Kreuzkümmelsamen, geröstet

½ TL Koriandersamen, geröstet

4 Tomaten, gehackt

1 rote Zwiebel, gehackt

225 ml passierte Tomaten

4 EL Rotweinessig

1 EL Melasse

2 TL getrockneter Thymian

Salz und Pfeffer

1. Eine Pfanne auf höchster Stufe erhitzen. Die Chilis darin ohne Fett unter Rühren 30–60 Sekunden anrösten, bis sie Farbe annehmen. Die Chilis nicht anbrennen lassen, da sie dann bitter werden. Chilis und Samen im Mörser mit einem Stößel oder der Rückseite eines Holzlöffels fein zerreiben.

2. Die restlichen Zutaten in einen Topf geben, die zerriebenen Chilis und Samen hinzugeben und mit Salz und Pfeffer abschmecken. Zum Kochen bringen und rühren, bis sich der Sirup aufgelöst hat. Halb zugedeckt auf niedriger Stufe 30 Minuten köcheln lassen. Gelegentlich umrühren, damit die Sauce nicht am Topfboden haftet.

3. Die Sauce mit einem Stabmixer oder in einer Küchenmaschine pürieren und abschmecken.

4. Die Sauce kann sofort verzehrt oder abgekühlt in einem luftdichten Behälter bis zu 1 Woche im Kühlschrank aufbewahrt werden. Diese Sauce kann bis zu 3 Monate eingefroren werden, siehe Seite 10.

FEURIGE VINDALOO-SAUCE

Diese extrem scharfe Sauce stammt aus dem 16. Jahrhundert, als die Portugiesen Chilis und Essig ins indische Goa brachten. Wenn genug Zeit ist, sollte die Mischung aus Masala und zerriebenen Chilis bis zu 4 Stunden durchziehen, damit die Aromen gut zur Geltung kommen.

ERGIBT: ETWA 450 ML   **ZUBEREITEN: 15 MIN**   **GAREN: 35 MIN**

ZUTATEN

2 EL Sonnenblumenöl
1 Zwiebel, in dünne Ringe geschnitten
4 große Tomaten, gehackt
1 EL brauner Zucker
1 TL Salz
125 ml Wasser
Pfeffer

VINDALOO-MASALA

2,5-cm-Zimtstange
1½ TL Koriandersamen
½ TL Kreuzkümmelsamen
½ TL schwarze Senfkörner
¼ TL Fenchelsamen
¼ TL schwarze Pfefferkörner
2 EL Rotweinessig
2,5-cm-Stück Ingwerwurzel, gerieben
5 getrocknete rote Thai- oder Cayenne-Chilis, fein gehackt
2 Knoblauchzehen, zerdrückt

1. Für das Masala eine Pfanne ohne Öl auf mittlerer bis hoher Stufe erhitzen. Die Zimtstange, alle Samen und die Pfefferkörner darin unter Rühren 1–2 Minuten rösten, bis sie duften. Dann in einer Küchenmaschine oder im Mörser fein zerreiben.

2. Die Gewürzmischung in eine Schüssel geben. Essig, Ingwer, Chilis und Knoblauch einrühren und beiseitestellen.

3. Das Öl in einem schweren Topf auf niedriger Stufe erhitzen. Die Zwiebel darin 8–10 Minuten dünsten, bis sie Farbe annimmt.

4. Dann Tomaten, Zucker, Salz, Gewürzmischung und Wasser zugeben und umrühren. Zum Kochen bringen, auf niedriger Stufe zugedeckt 15 Minuten köcheln lassen und gelegentlich umrühren, damit die Tomaten zerfallen. Mit Pfeffer abschmecken.

5. Die Sauce kann sofort verzehrt oder abgekühlt in einem luftdichten Behälter bis zu 1 Woche im Kühlschrank aufbewahrt werden.

THAILÄNDISCHE SRIRACHA-SAUCE

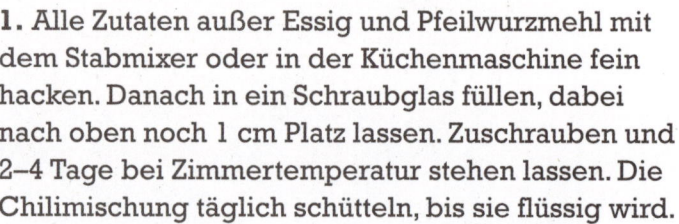

Hausgemachte Sriracha wird immer anders schmecken als gekaufte, weil sie keine Geschmacksverstärker enthält. Der thailändische Klassiker schmeckt köstlich und hat einen extrascharfen Chili-Kick.

ERGIBT: ETWA 175 ML **ZUBEREITEN: 10 MIN** **GAREN: 30 MIN**

ZUTATEN

14 rote Jalapeño-, Serrano- oder Fresno-Chilis oder eine Kombination daraus, etwa 225 g Gesamtgewicht, Stiele entfernt, längs halbiert

1 rote Vogelaugenchili, entkernt

8 Knoblauchzehen, grob gehackt

3 EL brauner Zucker

2 EL Zucker

2 TL Salz

6 EL Weißweinessig

1 TL Pfeilwurzmehl

1. Alle Zutaten außer Essig und Pfeilwurzmehl mit dem Stabmixer oder in der Küchenmaschine fein hacken. Danach in ein Schraubglas füllen, dabei nach oben noch 1 cm Platz lassen. Zuschrauben und 2–4 Tage bei Zimmertemperatur stehen lassen. Die Chilimischung täglich schütteln, bis sie flüssig wird.

2. Die Mischung wieder in die Küchenmaschine geben, den Essig zufügen und alles pürieren. Die Mischung durch ein Sieb in einen Topf streichen, und mit einem Löffel durch das Sieb schaben, um so viel Püree wie möglich zu erhalten.

3. Die Dunstabzugshaube einschalten oder ein Fenster öffnen, damit die Luft zirkulieren kann. Das Püree in einem Topf auf mittlerer Stufe zum Kochen bringen und unter ständigem Rühren um ein Viertel eingekochen. Auf niedrigste Stufe schalten.

4. Das Pfeilwurzmehl in 1 Esslöffel der heißen Flüssigkeit auflösen und in den Topf rühren. 30 Sekunden rühren, bis die Sauce andickt. Beiseitestellen.

5. Die Sauce vor Gebrauch 2 Wochen in einem luftdichten Behälter im Kühlschrank lagern. Nach dem Öffnen hält sie sich dort 1 weiterer Monat. Hinweise zur Aufbewahrung finden Sie auf Seite 10.

KNOBLAUCH-PAPRIKA-SAUCE

Diese Sauce veredelt mit ihrer kräftigen Schärfe zum Beispiel geschmorten Schweinebauch, aber auch Pfannengerichte und Koteletts oder Steaks können vor dem Grillen damit bestrichen werden.

ERGIBT: ETWA 175 ML **ZUBEREITEN: 5 MIN** **GAREN: 1 STD**

ZUTATEN

10 rote Vogelaugenchilis

2 rote Paprika, entkernt und geviertelt

1 Knoblauchknolle, etwa 12 Zehen, geschält

½ Zwiebel, gehackt

1 TL chinesisches Fünf-Gewürze-Pulver

2 EL Sonnenblumenöl

Salz und Pfeffer

1. Den Backofen auf 220 °C vorheizen.

2. Chilis, Paprika, Knoblauchzehen und Zwiebel in eine kleine flache Auflaufform legen. Das Gemüse mit dem Fünf-Gewürze-Pulver bestreuen, mit Salz und Pfeffer abschmecken, alles mit dem Öl verrühren und die Form straff mit Alufolie abdecken.

3. Im vorgeheizten Ofen 1 Stunde backen, bis das Gemüse sehr weich ist.

4. Das Gemüse zusammen mit der Kochflüssigkeit in eine Küchenmaschine geben und pürieren. Die Mischung mit einem Holzlöffel durch ein feines Sieb streichen, um so viel Püree wie möglich zu erhalten. Nach Geschmack mit Salz und Pfeffer nachwürzen.

5. Die Sauce kann sofort serviert werden oder in einem luftdichten Behälter bis zu 2 Wochen im Kühlschrank aufbewahrt werden. Weitere Hinweise zur Aufbewahrung finden Sie auf Seite 10.

PIKANTE UNGARISCHE PAPRIKASAUCE

Die Ungarn wappnen sich gegen kalte Wintertage mit pikantscharfen Gulaschgerichten, die mit viel Paprikapulver gewürzt werden. Paprikasauce gibt es in vielen Schärfegraden – unsere ist die schärfste Variante!

ERGIBT: ETWA 350 ML   **ZUBEREITEN: 10 MIN**   **GAREN: 25 MIN**

ZUTATEN

1 TL Kümmelsamen
2 EL Sonnenblumenöl
1 große Zwiebel, in dünne Ringe geschnitten
2 EL scharfes ungarisches Rosenpaprikapulver
300 g Sauerrahm
1 EL Tomatenmark
1 TL getrockneter Dill
Salz und Pfeffer

1. Den Kümmel in einer Pfanne ohne Öl auf mittlerer bis hoher Stufe 1–2 Minuten rösten, bis die Samen duften. In eine Schüssel geben.

2. Das Öl in die Pfanne gießen und erhitzen. Die Zwiebel darin 3–5 Minuten weich dünsten. Das Paprikapulver einrühren und 30 Sekunden mitdünsten.

3. Sauerrahm und Tomatenmark einrühren und mit Salz und Pfeffer abschmecken. Zum Kochen bringen und auf niedriger Stufe 10–15 Minuten unter gelegentlichem Rühren köcheln lassen, bis die Sauce einkocht. Kümmel und Dill einrühren und nach Geschmack nachwürzen.

4. Die Sauce kann sofort verzehrt oder abgekühlt in einem luftdichten Behälter bis zu 3 Tage im Kühlschrank aufbewahrt werden.

HEISSER TIPP

Falls die Sauce im Kühlschrank zu dick wird, kann sie mit Hühnerbrühe verdünnt werden. Zum Aufwärmen die Sauce einfach zum Bratgut in die Pfanne geben.

HÖLLENSCHARFE HABANERO-SAUCE

Lassen Sie sich nicht vom ersten Eindruck täuschen! Wenn diese Sauce weiter hinten auf die Zunge gelangt, wird es plötzlich sehr scharf! Sie schmeckt köstlich zu gegrillten Meeresfrüchten.

ERGIBT: ETWA 175 ML   **ZUBEREITEN: 10 MIN**   **GAREN: 25 MIN**

ZUTATEN

8 grüne Habanero- oder Scotch-Bonnet-Chilis, halbiert und 4 davon entkernt

2 große grüne Paprika, entkernt und halbiert

3 EL frisch gehackte Mango

1 Zwiebel, fein gehackt

4 EL Zucker, in 4 EL Weißweinessig aufgelöst

2,5-cm-Stück Ingwerwurzel, gerieben

Salz und Pfeffer

1. Den Backofengrill auf höchster Stufe vorheizen. Ein Backblech mit Folie belegen und Chilis und Paprika mit der Schnittseite nach unten darauf verteilen. Die Chilis 10 Minuten, die Paprika 25 Minuten rösten, bis das Gemüse weich und leicht angesengt ist. In eine Schüssel geben und mit einem Küchentuch abdecken.

2. Wenn das Gemüse ausreichend abgekühlt ist, die Haut abziehen und das Fruchtfleisch fein hacken.

3. Zusammen mit den restlichen Zutaten in eine Küchenmaschine geben, mit Salz und Pfeffer abschmecken und zu einer glatten Sauce verarbeiten.

4. Die Sauce durch ein feines Sieb streichen. Sie kann sofort verzehrt werden, schmeckt aber am besten, wenn sie vor Gebrauch mindestens 2 Tage in einem luftdichten Behälter im Kühlschrank durchziehen kann. Dort hält sie sich ungeöffnet bis zu 2 Wochen. Hinweise zur Aufbewahrung finden Sie auf Seite 10.

CHILIS SELBST ANBAUEN

Sie mögen also Chilis – aber wussten Sie, dass man die auch ziemlich einfach selbst anbauen kann? Dazu muss man nicht in einem heißen Land oder am Äquator leben. Mit etwas Geduld kann jeder Chilis ernten!

Und das Beste? Man braucht keinen Garten – Chilis wachsen am besten in Töpfen. Es reicht ein Platz auf dem Balkon oder auf der Fensterbank.

1. Pflanzen Sie im Januar für eine Juli-Ernte, aber lassen Sie die kleinen Pflanzen bis mindestens Mitte Mai im Haus, da sie im kalten Europa sonst erfrieren würden.

2. Eine Anzuchtschale mit Erde befüllen, leicht gießen und in jedes Fach ein Samenkorn legen. Etwas Erde obenauf geben, wieder gießen, alles mit Frischhaltefolie abdecken und an einen warmen Ort stellen.

3. Nach etwa einem Monat sollten die Samen keimen. Die Folie entfernen und die Erde feucht halten.

4. Sobald die Keime einen zweiten Satz Blätter ausbilden, können sie in kleine Töpfe umgepflanzt werden. Für schnelleres Wachsen wöchentlich Tomatendünger verwenden.

5. Die Pflanzen noch einmal in größere Töpfe umpflanzen, wenn sie etwa 12 cm groß sind, und falls nötig, mit Rankhilfen abstützen.

6. Die Pflanzen sollten nicht viel größer als 30 cm werden – für ein buschigeres Wachsen und mehr Blüten alles, was oberhalb der Blüte wächst, abknipsen. Jede Blüte sollte zu einer Chilifrucht werden!

7. Die ersten Chilis sollten abgeschnitten und auch schon verzehrt werden, wenn sie noch grün sind, um die Pflanze zur Ausbildung weiterer Früchte anzuregen. Dann können Sie sogar von Juli bis Oktober noch viele Chilis ernten.

DIE ULTIMATIVE CHILISAUCE

Sind Sie mutig genug, diese Sauce zu probieren? Die Naga-Chili, auch bekannt als Bhut Jolokia oder auch „Geisterchili", galt bis vor Kurzem noch als die schärfste Chili der Welt.

ERGIBT: ETWA 175 ML   **ZUBEREITEN: 15 MIN**   **GAREN: 15 MIN**

ZUTATEN

1 EL Pimentkörner, leicht zerdrückt

1 EL Koriandersamen, geröstet und leicht zerdrückt

2 TL Kreuzkümmelsamen, geröstet

1 TL Fenchelsamen, geröstet

8 getrocknete Naga-Chilis

2 getrocknete Habanero-Chilis

1 Karotte (etwa 100 g), in feinen Scheiben

1 Selleriestange, gehackt

1 kleine rote Zwiebel, gehackt

350 ml Apfelessig

125 ml Wasser, plus etwas mehr bei Bedarf

4 EL brauner Zucker

2 rote gegrillte Paprika aus dem Glas, gehackt

1. Die Dunstabzugshaube einschalten oder ein Fenster öffnen, damit die Luft zirkulieren kann. Alle Körner und Samen auf ein Stück Musselin legen, daraus ein Säckchen binden und in einen Topf legen. Chilis, Karotte, Sellerie, Zwiebel, Essig und Wasser zugeben, bis alle Zutaten bedeckt sind.

2. Zum Kochen bringen und 5 Minuten kochen. Vom Herd nehmen, den Zucker einrühren und mindestens 1 Stunde ruhen lassen. Mit einem Löffel fest auf das Gewürzsäckchen drücken, damit so viel Aroma wie möglich herauskommt.

3. Das Säckchen entsorgen. Den restlichen Topfinhalt durch ein Sieb gießen, die Flüssigkeit auffangen und beiseitestellen. Die Chili-Stiele wegwerfen. Chilis mit Paprika, Karotte, Sellerie und Zwiebel in eine Küchenmaschine geben.

4. Pürieren und 1–2 Esslöffel der Kochflüssigkeit zufügen. Die Sauce mit einem Holzlöffel durch ein Sieb streichen, um so viel Püree wie möglich zu erhalten.

5. Die Sauce vor Gebrauch 2 Wochen in einem luftdichten Behälter im Kühlschrank ziehen lassen. Sie hält sich dort bis zu 1 Monat. Weitere Hinweise zur Aufbewahrung finden Sie auf Seite 10.

FEURIGE REZEPTE!

CHILI CON CARNE NACH TEXAS-ART

Die Texaner brauchen in ihren großen Chilischüsseln keine Bohnen oder andere Zutaten. Man bekommt, was man sieht: Rindfleisch und scharfe Chilisauce. Schlicht und einfach – und unglaublich lecker.

FÜR: 4 PERSONEN   **ZUBEREITEN: 10 MIN**   **GAREN: 3 STD**

ZUTATEN

2 EL ausgelassenes Speckfett, Sonnenblumen- oder Rapsöl, plus etwas mehr bei Bedarf

750 g Rinderschmorfleisch, in 2,5 cm große Würfel geschnitten

1 große Zwiebel, fein gehackt

1 große Knoblauchzehe, fein gehackt

1 EL getrocknete rote Chiliflocken

1 Portion texanische Chilisauce (siehe Seite 54)

1 EL Maismehl, nach Belieben

1 EL Rotweinessig

Salz und Pfeffer

gekochter Reis und Sauerrahm, zum Servieren

1. Das Fett in einem Topf auf mittlerer Stufe erhitzen. Das Fleisch salzen und pfeffern und portionsweise im Topf rundum braun anbraten. Bei Bedarf mehr Fett zugeben. Fleisch und Bratensaft beiseitestellen.

2. Das Fett bis auf 1 Esslöffel abgießen. Die Zwiebel im verbleibenden Fett 3–5 Minuten weich dünsten. Knoblauch und Chiliflocken hinzufügen und 1 Minute mitdünsten. Fleisch und Bratensaft in den Topf geben, die Chilisauce einrühren. Zugedeckt zum Kochen bringen. Auf niedriger Stufe 2¼–2½ Stunden köcheln lassen, bis das Rindfleisch zart ist.

3. Das Maismehl in einer kleinen Schale mit dem Essig verrühren. Die Mischung ins Chili rühren und weitere 10 Minuten köcheln lassen, bis das Chili eindickt. Nach Geschmack mit mehr Maismehl weiter andicken. In Servierschälchen auf Reis und mit etwas Sauerrahm servieren.

HEISSER TIPP

Damit dieses Chili ein vollwertiges Abendessen wird, braucht man nur etwas gekochten Reis oder Tortillachips als Beilage.

1

3

3

BURRITOS MIT SCHWEINEFLEISCH

Das Schweinefleisch gart bei diesem Rezept so lange, dass es am Ende auf der Zunge zergeht.

FÜR: 4 PERSONEN   **ZUBEREITEN: 10 MIN**   **GAREN: 6 STD**

ZUTATEN

800 g Schweineschulter ohne Knochen

4 EL passierte Tomaten

1 Portion Feurige Chipotle-Limetten-Sauce (siehe Seite 48)

2 EL frisch gehackter Koriander

frisch gepresster Limettensaft, nach Belieben

Salz und Pfeffer

ZUM SERVIEREN

Romanasalat, zerzupft

8 Weizentortillas

Guacamole, nach Geschmack

gehackte Frühlingszwiebeln, nach Geschmack

gehackte, eingelegte Jalapeños, nach Geschmack

Louisiana Hot Pepper Sauce (siehe Seite 80)

1. Den Backofen auf 220 °C vorheizen. Ein Backblech mit einem großen Stück Alufolie auslegen, die glänzende Seite nach oben.

2. Das Fleisch mit Salz und Pfeffer würzen und in die Mitte der Folie legen. Die passierten Tomaten und die Hälfte der Chipotle-Sauce darübergießen. Die Folie über dem Fleisch zusammenfalten und die Ränder gut verschließen. Im vorgeheizten Ofen 30 Minuten schmoren.

3. Die Ofentemperatur auf 120 °C reduzieren. Das Fleisch weitere 5 Stunden schmoren, bis es weich ist, wenn man auf das Folienpaket drückt. Aus dem Ofen nehmen und 20 Minuten ruhen lassen.

4. Die restliche Sauce in einem Topf erhitzen. Den Bratensaft aus der Folie hinzugeben. Schwarte und Fett entfernen. Das Fleisch mit zwei Gabeln zerzupfen und in die Sauce rühren. Koriander und Limettensaft zugeben und nach Geschmack nachwürzen.

5. Etwas zerzupften Salat in die Mitte einer Tortilla legen, dann etwas Schweinefleischmischung und die gewünschten Beilagen hinzugeben. Dann etwas von der scharfen Sauce daraufgeben und die Tortilla aufrollen. Mit den weiteren Tortillas ebenso verfahren und sofort servieren.

SCHARFE CHICKEN WINGS

Chicken Wings sind bekannt dafür, schnell, einfach und unwiderstehlich lecker zu sein – das trifft auch auf dieses Rezept zu. Die Chicken Wings können bis zu 1 Tag im Voraus in die Marinade gelegt werden.

FÜR: 4 PERSONEN

ZUBEREITEN: 10 MIN PLUS MARINIEREN

GAREN: 30–35 MIN

ZUTATEN

4 EL Ahornsirup

1 EL Louisiana Hot Pepper Sauce (siehe Seite 80)

24 Chicken Wings, die Spitzen abgeschnitten, jeder Flügel am Gelenk in 2 Teile geteilt

Sonnenblumenöl, zum Bestreichen

Salz und Pfeffer

fein gehackte frische Petersilie, zum Garnieren

BLAUSCHIMMEL-KÄSE-DRESSING

125 g Blauschimmelkäse

1 EL scharfer Senf

300 g Sauerrahm

2 EL Schnittlauchröllchen

Salz und Pfeffer

1. Den Ahornsirup und die Louisiana Hot Pepper Sauce in einer großen Schüssel verrühren. Mit Salz und Pfeffer abschmecken.

2. Die Chicken Wings zugeben und mit der Saucenmischung einreiben. 30 Minuten bei Zimmertemperatur ruhen lassen. Wenn sie schon 1 Tag vorher marinieren, die Schüssel mit Frischhaltefolie abdecken und bis 30 Minuten vor dem Grillen im Kühlschrank aufbewahren.

3. Den Grill auf höchster Stufe vorheizen. Den Rost mit Öl bestreichen.

4. Die Chicken Wings mit der fleischigen Seite nach unten auf den etwa 12 cm von der Hitze entfernten Rost legen. 20 Minuten grillen, dabei gelegentlich mit etwas übrig gebliebener Marinade bestreichen.

5. Die Chicken Wings wenden, wieder mit Marinade bestreichen und weitere 10–15 Minuten grillen, bis die Haut goldbraun ist und klarer Fleischsaft austritt, wenn man in die dickste Stelle des Fleisches sticht.

6. Unterdessen für das Dressing den Käse mit dem Stabmixer oder in der Küchenmaschine mit Senf und Sauerrahm verrühren. Den Schnittlauch unterrühren und mit Salz und Pfeffer abschmecken. Bis zum Servieren abdecken und kalt stellen.

7. Die Chicken Wings heiß, zimmerwarm oder gekühlt mit dem Dressing servieren.

EINMAL UM DIE WELT

Obwohl Chilis aus Süd- und Mittelamerika kommen, werden sie heute in fast jedem Teil der Welt angebaut. Sie tragen zu den vielen scharfen Saucen bei, die wir mit bestimmten Regionen verbinden.

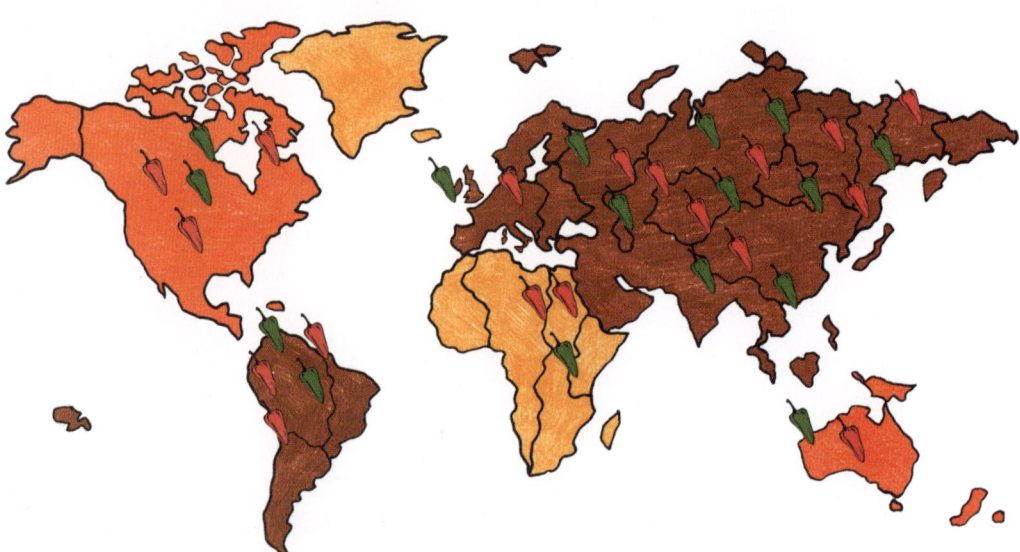

SÜDAMERIKA

Die Heimat des Chili kocht traditionell eher mild – man braucht also eine richtig scharfe Sauce dazu, damit es feuriger schmeckt. Die bekannteste scharfe Sauce ist die Adobo-Sauce aus Chilis, mexikanischem Oregano, Zwiebeln und Tomaten. Doch jeder südamerikanische Hobbykoch hat sein eigenes Geheimrezept, meist mit Chipotle- oder Jalapeño-Chilis.

USA

Die scharfen Saucen der USA werden mit Chilis, Essig und Salz zubereitet; oft werden auch Früchte und Gemüsesorten wie Himbeeren, Mangos, Tomaten und Möhren hinzugefügt, um das Aroma abzurunden oder die Sauce reichhaltiger zu machen. Die beliebtesten Chilis sind Jalapeños, Chipotles, Habaneros und Cayennes, und die Ergebnisse reichen von sehr milden Barbecuesaucen bis zur extrem scharfen Hot Pepper Sauce, die sogar wie Wein in Holzfässern reifen kann.

KARIBIK

Saucen aus Chilis kommen in der karibischen Küche häufig vor, und die meisten werden, wie ihre US-Verwandten, unter Zugabe von Früchten und Gemüsen gemacht, um die Schärfe etwas zu zügeln. Da aber viele karibische Saucen Habanero- und Scotch-Bonnet-Chilis verwenden, sind sie oft sehr scharf. Hausgemachte Saucen findet man überall, oft mit viel Zwiebel- und Knoblaucharoma.

EUROPA

Kaum zu glauben, aber zwei der schärfsten Chilisaucen der Welt kommen aus Großbritannien! Sie enthalten Naga-Viper- und Infinity-Chilis und bleiben eher Spezialisten vorbehalten. Doch die portugiesische Peri-Peri-Sauce aus zerdrückten Peri-Peri-Chilis, Limette, Limetten-schale, Knoblauch und Kräutern ist in ganz Europa populär.

NAHER OSTEN

Früher glaubte man in dieser Region, dass Chilis magische Heilkräfte hätten, und so kommen Chilis in vielen traditionellen Saucen vor. Die bekannteste ist die Harissa – hergestellt aus frischen und getrockneten Chilis und Kreuzkümmel.

ASIEN

Wie zu erwarten, sind Chilisaucen in Asien sehr populär und werden zum Würzen für fast alles verwendet. Asiatische Chilisaucen werden oft mit Bohnen gemacht und kommen als Paste daher, mit denen Currys, Dips oder Wokgerichte zubereitet werden.

JAMAIKANISCHES JERK-CHICKEN

Jamaikanisches Jerk-Chicken hat einen sehr rauchigen Geschmack, da es sehr langsam über Pimentholz gegart wird. Dieses Rezept bietet zwar kein Raucharoma, aber dafür die Schärfe des karibischen Originals.

FÜR: 4 PERSONEN

ZUBEREITEN: 10 MIN PLUS MARINIEREN

GAREN: 40 MIN

ZUTATEN

4 Hähnchenschenkel

1 Portion Jamaikanische Grillsauce (siehe Seite 78)

Sonnenblumenöl, zum Bestreichen

Krautsalat mit Ananas und Reis, zum Servieren, nach Geschmack

1. Die Hähnchenschenkel mit einer Gabel rundum einstechen. In eine Schüssel legen, Jamaikanische Grillsauce darübergießen und in die Hühnchenteile einreiben. Mit Frischhaltefolie abdecken und im Kühlschrank mindestens 4 Stunden marinieren.

2. Das Hähnchenfleisch 30 Minuten vor dem Grillen aus dem Kühlschrank nehmen. Inzwischen einen Holzkohlegrill anzünden und warten, bis die Kohlen glühen. Alternativ den Backofengrill auf höchster Stufe vorheizen und den Rost ölen.

3. Die Hähnchenschenkel mit der fleischigen Seite nach unten auf den Rost legen. Mit etwas Marinade bestreichen und 20 Minuten grillen.

4. Das Fleisch wenden, noch einmal mit Marinade bestreichen und weitere 20 Minuten grillen, bis es gar ist und klarer Fleischsaft austritt, wenn man in die dickste Stelle sticht.

5. Das Hähnchen auf einen vorgewärmten Teller legen und 5 Minuten ruhen lassen. Mit einem Hackmesser jedes Bein in 4 Teile schneiden und nach Belieben mit Krautsalat servieren.

PUTE À LA MEXIKO

Dieses Gericht ist prima, wenn man Gäste hat, denn die Sauce lässt sich bis zu 5 Tage im Voraus zubereiten. Aber Achtung: Die köchelnde Sauce nie lange unbeaufsichtigt lassen, denn sie brennt sehr schnell an.

FÜR: 4 PERSONEN   **ZUBEREITEN: 1-1¼ STD**   **GAREN: 35 MIN**

ZUTATEN

2 EL Sonnenblumenöl

1 rote Zwiebel, fein gehackt

4 Knoblauchzehen, fein gehackt

1 Portion Mexikanische Mole-Sauce (siehe Seite 70)

Salz und Pfeffer

gehackter frischer Koriander und geröstete Kürbiskerne, zum Garnieren

gekochter Reis, zum Servieren

MEXIKANISCHE BRÜHE

1,25 kg Putenteile, z.B. Brust und Schenkel, ohne Haut

2 Lorbeerblätter

2 rote Chilis, gehackt

2 Zwiebeln, ungeschält und halbiert

einige frische Stängel Koriander, zusammengebunden

1 TL schwarze Pfefferkörner, leicht zerdrückt

1 TL Koriandersamen, leicht zerdrückt

1. Für die Brühe die Putenteile in einen Topf legen und mit Wasser bedecken. Zum Kochen bringen und den Schaum von der Oberfläche abschöpfen. Wenn kein Schaum mehr entsteht, die restlichen Brühezutaten hinzugeben. Mit Salz abschmecken. Zum Kochen bringen und halb zugedeckt auf niedriger Stufe 45 Minuten bis 1 Stunde köcheln lassen, bis das Fleisch gar ist. Das Fleisch herausnehmen und beiseitestellen.

2. Sobald das Fleisch kalt ist, von den Knochen lösen und in mundgerechte Stücke schneiden. Die Brühe durch ein Sieb in eine Schüssel gießen und beiseitestellen. Das Öl in einem Topf auf mittlerer Stufe erhitzen. Die Zwiebel 3–5 Minuten weich dünsten. Den Knoblauch zugeben und 1 Minute mitdünsten.

3. Die Mole-Sauce und 150 ml der Brühe hinzufügen. Zum Kochen bringen. Die Hitze reduzieren und das Fleisch einrühren, bis es mit Sauce überzogen ist.

4. Alles 15–20 Minuten köcheln lassen, bis die Sauce reduziert ist. Erneut abschmecken. Mit gehacktem Koriander und Kürbiskernen garnieren und mit Reis servieren.

GARNELEN-HÄHNCHEN-GUMBO

Der kreolische Gumbo hat seinen Ursprung im Louisiana des 18. Jahrhunderts. Servieren Sie dieses Gericht mit einem Schälchen Louisiana Hot Pepper Sauce oder Harissa – für noch mehr Schärfe.

FÜR: 4 PERSONEN **ZUBEREITEN: 10 MIN** **GAREN: 30 MIN**

ZUTATEN

2 EL Sonnenblumen- oder Maiskeimöl

½ rote Zwiebel, in dünne Ringe geschnitten

100 g würzige Wurst, z.B. Chorizo, ohne Pelle und in Scheiben

400 g Hähnchenschenkel ohne Haut und Knochen, in mundgerechte Stücke geschnitten

1 Portion Sauce für kreolisches Gumbo (siehe Seite 50)

150 ml Hühner- oder Gemüsebrühe

400 g große geschälte und gekochte Garnelen

Salz und Pfeffer

gekochter Reis und Louisiana Hot Pepper Sauce (siehe Seite 80) oder Harissa-Sauce (siehe Seite 52), zum Servieren

gehackte Frühlingszwiebeln, zum Garnieren

1. Das Öl in einem großen Topf auf mittlerer bis hoher Stufe erhitzen. Die Zwiebel darin 3–5 Minuten weich dünsten. Die Wurst hinzugeben und rundum braun braten.

2. Die Hähnchenteile hinzugeben und 1–2 Minuten anbraten.

3. Gumbo-Sauce und Brühe hinzugeben und zum Kochen bringen, dann ohne Deckel auf niedriger Stufe 15–20 Minuten köcheln lassen, bis das Fleisch gar und zart ist.

4. Die Garnelen hinzufügen und auf höchster Stufe unter Rühren 2–3 Minuten mitgaren, bis sie rosa werden. Nach Geschmack nachwürzen.

5. Zum Servieren in der Mitte von vier Schälchen jeweils etwas Reis aufhäufen und den Gumbo rundherum auffüllen. Mit gehackten Frühlingszwiebeln garnieren und sofort servieren. Nach Wunsch mit etwas Louisiana Hot Pepper Sauce oder Harissa-Sauce würzen.

FLEISCHBÄLLCHEN IN ADOBO-SAUCE

Wenn Sie Chili-Liebhaber zum Dinner erwarten, ist dies ein perfektes Essen! Es ist schnell und einfach zubereitet, und die Sauce ist von pikanter Schärfe.

FÜR: 4 PERSONEN **ZUBEREITEN: 20 MIN** **GAREN: 20-25 MIN**

ZUTATEN

50 g Semmelbrösel

3–4 EL Milch

3 EL Mehl, zum Bestäuben

250 g mageres Rinderhackfleisch

250 g mageres Schweinehackfleisch

4 große Knoblauchzehen, fein gehackt

2 Eier, verquirlt

3 EL frisch gehackte Petersilie oder Koriander

1 TL gemahlener Zimt

1 TL Paprikapulver edelsüß

4 EL Sonnenblumenöl zum Braten, plus etwas mehr bei Bedarf

1 Portion Abenteuerliche Adobo-Sauce (siehe Seite 84)

125 g Mozzarella, grob gehackt

4 EL grob geriebener Emmentaler

Salz und Pfeffer

1. Semmelbrösel und Milch in einer Schüssel verrühren und 10 Minuten einweichen lassen. Das Mehl auf einen Teller geben und beiseitestellen. Den Backofen auf 200 °C vorheizen.

2. In einer Schüssel Hackfleisch, Knoblauch, Eier, Petersilie, Zimt und Paprika mit der Semmelbröselmischung vermengen. Salzen und pfeffern.

3. Die Mischung mit nassen Händen zu 24 gleich großen Bällchen formen. Das Öl in einer Pfanne auf mittlerer Stufe erhitzen. Die Fleischbällchen portionsweise leicht im Mehl wälzen und in der Pfanne rundum braun braten, dabei mehrmals wenden. Dann in eine Auflaufform geben.

4. Die Adobo-Sauce über die Bällchen gießen, dann den Mozzarella und den Emmentaler darübergeben. Im Ofen 15–20 Minuten backen, bis die Fleischbällchen gar sind und der Käse geschmolzen ist.

5. Wenn Sie die Fleischbällchen gerne knusprig mögen, dann schalten Sie nach Ende der Garzeit den Backofengrill auf höchste Stufe und lassen Sie die Fleischbällchen noch 2–3 Minuten anbräunen, bevor Sie sie aus dem Ofen nehmen.

GEGRILLTES TERIYAKI-LACHSFILET

Die Schärfe der Wasabi-Paste in dieser Marinade wird viele Fans japanischer Küche überraschen und jeden entzücken, der es mag, wenn beim Essen die Geschmacksnerven geweckt werden.

FÜR: 4 PERSONEN

ZUBEREITEN: 5 MIN PLUS MARINIEREN   **GAREN:** 10 MIN

ZUTATEN

4 Lachsfilets, je 2,5 cm dick

1 Portion Japanische Teriyaki-Sauce (siehe Seite 72)

Sonnenblumenöl, zum Einfetten und Bestreichen

Salz und Pfeffer

geröstete Sesamsaat und ein gemischter Salat, zum Servieren

1. Die Lachsfilets in eine Schüssel geben und mit der Sauce einreiben. Dann mit Salz und Pfeffer abschmecken. 1–3 Stunden marinieren.

2. Den Backofengrill auf höchster Stufe vorheizen. Den Rost mit Öl einpinseln und etwa 10 cm von der Hitze entfernt in den Ofen schieben.

3. Die Filets mit der Hautseite nach oben auf den Rost legen, mit der Marinade bestreichen und etwa 4 Minuten grillen.

4. Vorsichtig wenden, noch einmal mit Marinade bestreichen und weitere 4–6 Minuten grillen, bis der Lachs zart und gar ist.

5. Den Lachs einige Minuten ruhen lassen, mit Sesam bestreuen und gemischtem Salat servieren.

HEISSER TIPP

Den Lachs vor dem Servieren noch einmal mit der Teriyaki-Sauce beträufeln. Wenn die Sauce zu dickflüssig ist, kann sie mit etwas Sake verdünnt werden.

PERI-PERI-HÄHNCHEN

Restaurants besitzen heiße Grills, die die Haut des Peri-Peri-Hähnchens so richtig knusprig machen. Bei diesem Rezept wird die Haut nur leicht angegrillt, schmeckt aber genauso feurig wie bei der Restaurantversion.

FÜR: 4-6 PERSONEN

ZUBEREITEN: 20 MIN PLUS MARINIEREN

GAREN: 40 MIN

ZUTATEN

1 l Wasser, plus etwas mehr bei Bedarf

1 EL Meersalz

2 Lorbeerblätter

2 Knoblauchzehen, gehackt

1 rote oder grüne Jalapeño-Chili, in feinen Scheiben

1 kleines Bund frischer Thymian

1 küchenfertiges Hähnchen, etwa 1,6 kg, aufgeklappt

Sonnenblumenöl, zum Einfetten

1 Portion Peri-Peri-Sauce (siehe Seite 76)

Salz und Pfeffer

1. Das Wasser mit Salz, Lorbeerblättern, Knoblauch, Chili und Thymian in eine große Schüssel geben. Das Hähnchen hineinlegen, sodass es ganz bedeckt ist. Mit Frischhaltefolie abdecken und 8–24 Stunden im Kühlschrank marinieren.

2. Das Hähnchen 30 Minuten vor dem Grillen aus der Flüssigkeit nehmen, mit kaltem Wasser abspülen und gut abtrocknen. Beiseitestellen.

3. Unterdessen den Backofengrill auf höchster Stufe vorheizen. Den Rost mit Öl einpinseln und in das obere Drittel des Backofens schieben.

4. Beide Seiten des Hähnchens mit der Hälfte der Peri-Peri-Sauce einreiben und mit der Brustseite nach unten auf den Rost legen. 20 Minuten grillen und zwischendurch einmal mit Sauce bestreichen.

5. Das Hähnchen wenden, mit Sauce bestreichen und weitere 15–20 Minuten grillen. Wiederholt mit Sauce bestreichen, bis die Haut sehr braun ist und klarer Fleischsaft austritt, wenn man in die dickste Stelle des Fleisches sticht. Aus dem Ofen nehmen und 5 Minuten ruhen lassen. Salzen und pfeffern, in einzelne Portionen zerteilen und servieren.

RINDFLEISCH-FAJITAS

Die Tex-Mex-Fajitas erhalten durch die grüne Sauce eine frische Note. Prima, wenn Sie Gäste erwarten, denn sowohl das marinierte Fleisch als auch die Sauce können im Voraus zubereitet werden.

FÜR: 4 PERSONEN

ZUBEREITEN: 15 MIN PLUS MARINIEREN

GAREN: 10-15 MIN

ZUTATEN

4 große Knoblauchzehen, grob gehackt

1 TL Ancho-Chilipulver oder anderes Chilipulver

450 g Rindersteak aus der Flanke, am Stück

4 EL frisch gepresster Limettensaft

2 EL Sonnenblumenöl

1 große rote Zwiebel, in dünnen Ringen

2 grüne Paprika, entkernt und in feinen Streifen

2 rote Paprika, entkernt und in feinen Streifen

Salz und Pfeffer

ZUM SERVIEREN

Romanasalat, zerzupft

8 Weizentortillas, angewärmt

Extrascharfe grüne Chilisauce, nach Geschmack (siehe Seite 58)

Sauerrahm, nach Geschmack

geriebener Emmentaler oder anderer Käse, nach Geschmack

1. Knoblauch und Chilipulver im Mörser zu einer Paste zerreiben.

2. Das Steak in eine Schüssel legen und mit dem Limettensaft einreiben, dann in der Knoblauchpaste wenden. Zudecken und 8–24 Stunden im Kühlschrank marinieren. Während des Marinierens das Fleisch mehrmals mit der Marinade einreiben. 30 Minuten vor dem Garen aus dem Kühlschrank nehmen.

3. Das Öl in einer Pfanne erhitzen. Die Zwiebel 3 Minuten dünsten. Die Paprika zugeben, salzen und pfeffern und 3–5 Minuten weich dünsten. Warm stellen.

4. Unterdessen eine Grillpfanne auf höchster Stufe erhitzen. Das Fleisch darin auf jeder Seite 3 Minuten medium braten. 5 Minuten ruhen lassen, dann entgegen der Maserung in dünne Scheiben schneiden.

5. Für jede Fajita ein wenig Salat in die Mitte der Tortilla geben, dann etwas Paprika-Zwiebel-Mischung, Fleischscheiben und grüne Sauce daraufgeben. Nach Geschmack die Fajitas noch mit Sauerrahm und geriebenem Käse belegen. Die Tortilla von unten einklappen, dann von einer Seite aufrollen und sofort servieren.

REGISTER